ubu

DEPOIS DO FUTURO
FRANCO BERARDI

**TRADUÇÃO
REGINA SILVA**

7 Prefácio à edição brasileira

10 Introdução: a infinitude do futuro
12 1. O século que acreditou no futuro
73 2. Quando o futuro acabou
111 3. A última utopia
134 4. Futuro precário
173 Manifesto pós-futurista

178 Posfácio: futurabilidade

185 Sobre o autor
187 Índice onomástico

– PREFÁCIO

DEPOIS DO FUTURO: DEZ ANOS DEPOIS

Este livro foi publicado originalmente em 2009, no aniversário de cem anos do Manifesto Futurista, e minha intenção era comparar o *Zeitgeist* depressivo deste novo século ao espírito futurista que permeou profundamente a cultura do século XX, marcado pela crença no futuro. De fato, até pelo menos 1968, o futuro era imaginado de forma eufórica. Apesar das tragédias, das guerras e dos inúmeros massacres, o sentimento que imperava no *Novecento* era de fé na realização final da razão. Tomando muitas formas – justiça social, afirmação nacional, democracia liberal, perfeição tecnológica –, o horizonte parecia brilhante, mesmo que o caminho até o futuro fosse pavimentado com sofrimento, miséria, dificuldades e luto inimagináveis.

Pode-se argumentar que a vida melhorou em muitos sentidos na segunda metade do século passado: menos pessoas sofrem com a fome, a expectativa média de vida aumentou, e a tecnologia abriu um horizonte de possibilidades que a imaginação futurista jamais chegou a conceber.

Entretanto, algo se quebrou na esfera psicossocial. O sentimento que prevalece é de melancolia: a antiga metáfora do Iluminismo foi subitamente virada do avesso. A expectativa moderna de expansão constante das luzes foi substituída por outra, um tanto quanto oposta.

"Iluminismo obscuro" é a expressão que melhor sintetiza a percepção atual do futuro como algo que ameaça o programa humanista.

Há dez anos apontei essa tendência, e a década que passou desde a primeira edição deste livro só a confirmou: o futuro já não é mais percebido (tal qual no século passado) como fonte de esperança, como promessa de expansão e de crescimento. É um futuro amedrontador ao invés de promissor que aguarda essa geração, precarizada e altamente conectada – a primeira a ter aprendido mais palavras de uma máquina do que de uma mãe.

No ano de 1977, quando a banda punk anarquista Sex Pistols disse pela primeira vez "não há futuro", a frase foi recebida como provocação paradoxal. No novo século, no entanto, as mesmas palavras se tornaram quase senso comum.

Depois da crise financeira de 2008 e das impotentes revoltas em resposta a ela, um sentimento generalizado de humilhação tomou conta da esfera psicossocial. Depois disso, em todos os cantos do mundo emergiram movimentos neorreacionários. Hoje, no despertar da irreversível decadência da democracia liberal, o pensamento crítico tem a tarefa de decifrar o destino da civilização.

Seria a legitimação eleitoral de forças da extrema direita o prenúncio de um triunfo final da brutalidade fascista? Minha resposta a essa pergunta é sim e não.

A propagação do racismo, do nacionalismo e da agressividade é inegável. Ao mesmo tempo, não penso que o fascismo esteja de volta.

O fascismo foi, de fato, a demonstração agressiva da potência de uma população jovem que se sentiu marginalizada pela burguesia cosmopolita. Mas os aspectos da agressividade contemporânea delineiam um escape psíquico totalmente diferente disso. A onda reacionária se parece com a expressão de um desespero senescente, uma vingança furiosa mas impotente não só contra a razão financeira que provocou um empobrecimento social, mas também contra a humilhação política e sexual que esse declínio trouxe à tona.

No século passado, o fascismo foi, essencialmente, um ataque violento de jovens excluídos do poder econômico e político. Desde a época do Manifesto Futurista, a potência sexual e a agressividade política estavam conectadas na imaginação fascista. Agora não mais. Hoje, a decadente raça branca do mundo ocidental está mergulhada em uma espécie de desordem mental baseada na impotência e no autodesprezo.

Além disso, o fascismo foi expressão de pertencimento: a mitologia envolvendo sangue e nação era baseada em um verdadeiro senso de comunidade. Agora não mais. Hoje, pessoas brancas votam em partidos nacionalistas não porque acreditam pertencer a uma comunidade, mas porque gostariam de resgatar esse sentimento do passado. Elas cresceram na era do individualismo desenfreado, confiaram nas promessas do egoísmo neoliberal e se descobriram perdedoras. Confiaram nas promessas neoliberais de sucesso individual e terminaram desiludidas. Agora é tarde demais para abraçar uma nova esperança, uma nova imaginação: a única coisa que conseguem fazer é compartilhar seu ódio e seu desejo de vingança.

Expectativas frustradas, somadas ao individualismo frustrado, não levaram ao ressurgimento da solidariedade, mas só a uma ânsia desesperada e ao desejo enfurecido de aniquilação. Niilismo é o nome da cultura emergente.

Como não há alternativa à racionalidade algorítmica do mundo das finanças, o desejo de aniquilar essa racionalidade tomou a dianteira. Porque a ferocidade matemática da economia penetrou a linguagem e invadiu todos os aspectos da vida social, queremos destruir tudo, incluindo as condições necessárias à nossa própria sobrevivência.

F.B., janeiro de 2019

INTRODUÇÃO
A INFINITUDE DO FUTURO

Não tenho a intenção de defender nenhuma tese nem de formular previsões ou teorias. Gostaria de contar as peripécias do futuro durante os cem anos que nos separam da publicação do primeiro manifesto do futurismo italiano, em fevereiro de 1909. Ou seja, contar como a percepção do futuro evoluiu ao longo do século XX. Como imaginávamos o futuro durante o século XX? Como ele nos foi apresentado por artistas, poetas e pensadores? E como imaginamos o futuro hoje, cem anos após a publicação do primeiro Manifesto Futurista?

Agora, podemos ver espaços distantes, mas o tempo distante ninguém mais vê. A certa altura, alguém anunciou que o futuro havia acabado, mas as coisas não são bem assim, porque o futuro nunca acaba. Simplesmente não somos mais capazes de imaginá-lo.

O século XX foi movido pela energia utópica proveniente das vanguardas culturais, artísticas e políticas. Essa energia se esgotou? Por quê? Tudo parece ter sido virado pelo avesso, talvez pelo excesso de velocidade, e no futuro vemos as sombras de um passado que acreditávamos estar enterrado.

Este livro surgiu a partir de conversas com meu amigo Marco Magagnoli, psiconauta e vidente, em 2008, ano em que a crise financeira e geopolítica ocidental abria um abismo, revelando um buraco negro no tempo vindouro. Da implosão do futuro nascerão os movimentos imaginários e sociais do século XXI. "Não vamos pagar pela crise de vocês", grita o movimento estudantil italiano, que estourou em outubro daquele ano. Como não pagar por aquele vazio abissal que o capitalismo produziu na tela do tempo? Como saltar sobre esse abismo?

1. O SÉCULO QUE ACREDITOU NO FUTURO

A MÁQUINA EXTERNA
DO FUTURISMO ITALIANO

Em 20 de fevereiro de 1909, Filippo Tommaso Marinetti publicou no jornal parisiense *Le Figaro* o primeiro Manifesto Futurista. Podemos considerar esse texto a primeira declaração consciente de um movimento que, nas décadas seguintes, se espalharia pela Europa com o nome de vanguarda. Podemos considerá-lo também, em certo sentido, o primeiro ato consciente do século que acreditou no futuro. O século XX, linha de chegada e realização das promessas da modernidade, começa realmente quando os futuristas bradam com arrogância o advento do reino da máquina, da velocidade e da guerra.

A vanguarda construiu uma imagem ambígua de si mesma e viveu sua condição fértil de ambiguidade. De um lado, apresentou-se como utopia e como gesto radical e ambicioso; do outro, revelou uma capacidade para representar a realidade a ponto de chegarmos a considerá-la a alma do mundo industrial que se projetava em sua fase de urbanização acelerada.

A aglomeração urbana ainda era um fenômeno marginal no planeta na primeira metade do século XX. Apenas um pequeno percentual da população vivia nas grandes cidades. No final desse século, mais da metade da população mundial se encontrava em ambientes metropolitanos. A vanguarda nasceu, antes de mais nada, da excitação produzida por esse processo de deslocamento, de desterritorialização gigantesca. Por meio de uma ação voltada para o gosto e para as técnicas, a vanguarda exerceu uma influência direta e muito profunda sobre o processo produtivo, sobre a projeção industrial e sobre a criação do ambiente urbano.

A desterritorialização do século XX transmitiu uma energia nova ao pensamento, ao gosto e ao trabalho artístico.

A vanguarda é o lugar de elaboração dessa energia, dessa excitação. E devolveu à vida social essa energia de uma forma elaborada.

Entre os muitos movimentos que, com nomes e estilos diferentes, povoaram o mundo diversificado das vanguardas do século xx, o futurismo é o que expressou sua utopia com maior violência e extremismo. E hoje, um século depois, podemos afirmar que tanto o futurismo italiano quanto o russo foram o laboratório mais diretamente envolvido na prática da inovação formal, linguística, midiática e política.

No mesmo ano em que Marinetti publicava o Manifesto Futurista, Henry Ford introduzia em sua fábrica de Detroit a primeira linha de montagem. O que é uma linha de montagem? É uma tecnologia concebida pelo engenheiro Charles Taylor com a finalidade de possibilitar o trabalho coordenado e sincronizado de um número considerável de operários. Concretamente, a linha de montagem é uma esteira móvel sobre a qual é colocada a peça que está sendo construída. Ao longo dessa esteira, os operários executam em sequência as operações nas quais o processo de trabalho foi fragmentado. A intervenção dos operadores humanos é recomposta pela máquina que unifica seus movimentos sucessivos até possibilitar a produção do objeto: o automóvel, por exemplo, que constitui a grande inovação da indústria mecânica do novo século.

O Manifesto Futurista é um hino à modernidade explosiva cujos efeitos – ainda muito pouco perceptíveis na realidade italiana – estendem-se ostensivamente pelo mundo urbanizado e industrializado euro-americano. Os objetos que ele enfatiza e que transforma em valores estéticos e políticos são a máquina, a velocidade, a violência e a guerra.

Não é por acaso que o futurismo explode justamente nestes dois países, Itália e Rússia, que estão à margem do mundo europeu industrializado e dois países nos quais a indústria chegou com atraso e era pouco desenvolvida no início do século. Dois países nos quais as tradições culturais e políticas, o respeito e a adoração pelo passado predominavam em relação ao modernismo. Tanto na Itália quanto na Rússia, o futurismo nasceu como reação e como desejo de inovação, mas não devemos ver esse movimento apenas como reação ao subdesenvolvimento. Ao contrário, é preciso vê-lo como ativador de uma energia estética que se propaga em seguida, por mil canais de experimentação estética, em todo o movimento de vanguarda, que, nas primeiras décadas do século xx, anima a cultura do continente europeu. Devemos vê-lo como a alma estética de uma fé no futuro que permeia profundamente o espírito do capitalismo moderno.

A máquina está no centro do mundo imaginário futurista. Trata-se da Máquina Externa, a máquina pesada, ferruginosa e volumosa, que não deve ser confundida com a máquina internalizada e reprogramável da época bioinformática, a nossa época, a nova época que se inicia após o final do século que acreditou no futuro e se mostra em toda a sua potência imaginária e prática com a concretização do Projeto Genoma e com a progressiva transformação do sistema produtivo global pela rede que conectou seres humanos e automatismos mecânicos. Vivemos hoje, no século xxi, rodeados e penetrados por máquinas internas, máquinas infobiotécnicas, cujo funcionamento e cujos efeitos sobre a evolução cultural da espécie humana não somos ainda capazes de avaliar plenamente.

O que significa máquina? Máquina é o que se concatena. Máquina é a concatenação de entidades (metais, líquidos, conceitos, formas) que funcionam de acordo com uma determinada finalidade.

A máquina que o futurismo exalta é um objeto externo em relação ao corpo e à mente humana: a máquina visível no espaço urbano e no espaço da fábrica e da rua.

> Deus veemente de uma raça de aço
> Automóvel embriagado de espaço
> Que escoiceia e freme de angústia
> Roendo o freio com dentes estrídulos
> Espantoso monstro japonês,
> De olhos de forja,
> Nutrido de chama e óleos minerais
> ávido de horizontes, de presas siderais
> Solto seu coração que faz um baque diabólico,
> solto seus pneus gigantescos
> para a dança que você sabe dançar
> pelas estradas brancas de todo o mundo![1]

Hoje devemos repensar a questão da máquina em termos totalmente novos. Hoje, a máquina está em nós. Aquela que hoje absorve o trabalho e produz mercadorias é não mais a Máquina Externa, mas a infomáquina que se entrelaça com o sistema nervoso social, a biomáquina que interage com a genética do organismo humano. A máquina interiorizada, a nanomáquina capaz de produzir mutações no agente humano.

Na época moderna, a máquina era máquina externa que agia fora do corpo e da mente. A máquina de hoje é outra coisa. Hoje temos que falar da máquina interiorizada, máquina biopolítica: a máquina psicofarmacológica, a máquina que age no interior do corpo graças a potências de tipo químico, biotécnico. E, ainda mais, a máquina semiótica, a rede como concate-

[1] F. T. Marinetti, "All'automobile da corsa" [Ao carro de corrida], 1908.

nação que torna possível uma deslocalização dos processos produtivos. A máquina bioinformática. Para realizar deslocamentos progressivos e de formas diferenciadas, a máquina deixou de ser a máquina adorada pelo futurismo para se tornar uma máquina essencialmente internalizada: a máquina de controle.

Passamos, assim, de um regime disciplinar a um regime de controle. No primeiro caso, a máquina se constituiu diante do corpo e da mente humana, era externa em relação ao corpo que permanecia corpo pré-técnico. Por isso, o corpo-mente devia ser regulado normativa, legal e institucionalmente, para, em seguida, ser submetido ao ritmo das máquinas concatenadas.

No segundo caso, o que se nos apresenta hoje, a máquina não está mais diante, e sim dentro do corpo, dentro da mente, e os corpos não podem se relacionar nem a mente se expressar sem o suporte técnico da máquina biopolítica. Por isso, não é mais necessário o trabalho de disciplinamento político, legislativo, violento e repressivo. O controle se dá inteiramente a partir da própria máquina interna.

A máquina se torna cada vez menor, torna-se dispositivo miniaturizado, nanotecnologia. É constituída por corpúsculos bioquímicos capazes de modificar o estado do organismo e do humor. A máquina se faz signo, relação, linguagem que modela seus falantes. Abole o espaço, torna obsoleto o automóvel porque o espaço é suprimido em uma temporalidade instantânea e deslocalizada.

Não somente a máquina, mas sua concepção também sofre uma mutação nessa passagem. Marinetti concebe a máquina segundo o modo moderno, como exterioridade, enquanto, na época digital, a máquina é diferença de informação, não exterioridade, mas sim modelação linguística, automatismo lógico e cognitivo.

ACELERAÇÃO

O Manifesto exalta, sobretudo, a velocidade, como novo valor estético destinado a enriquecer a magnificência do mundo. O mito da velocidade sustenta todo o edifício da modernidade, não apenas aquele imaginário, mas também o produtivo, o econômico e o militar.

Velocidade e aceleração desempenham um papel fundamental na história do capitalismo. O capitalismo é o sistema da expansão econômica constante. Mas não se pode falar em expansão sem falar em aceleração do tempo de trabalho, em intensificação do gesto produtivo do operário. A principal noção da economia moderna é a produtividade, que significa a quantidade de produto por unidade de tempo. A produtividade tem que ser constantemente incrementada se se almeja a continuidade da expansão econômica. O incremento da produtividade se dá em função da aceleração do gesto produtivo, ou seja, do aumento da velocidade.

A distinção entre mais-valia absoluta e mais-valia relativa permite a Marx colocar a questão da velocidade como central na formação do capital.

A mais-valia absoluta é a qualidade de valor que o trabalhador deposita no capital em termos absolutos, independentemente da quantidade de tempo que é necessário para produzi-lo. A mais-valia relativa, por sua vez, é o aumento do valor depositado no capital por unidade de tempo. Há várias maneiras de aumentar a mais-valia absoluta: pode-se aumentar a jornada de trabalho ou contratar novos operários. Mas, para aumentar a mais-valia por unidade de tempo, há apenas uma forma, qual seja, intensificar a produtividade, aumentar a quantidade de valor que o trabalhador produz por unidade de tempo. Acelerar.

Do ponto de vista da expansão do capital, a técnica é essencialmente instrumento de aceleração do ato produtivo, instrumento de intensificação da produtividade. Para aqueles que investem seu capital com o objetivo de aumentar o valor, é para isso que servem as máquinas.

Um século após a publicação do Manifesto Futurista, a velocidade transferiu-se do âmbito das máquinas externas ao da informação. Isso quer dizer que a velocidade foi internalizada. Transformou-se em automatismo psicocognitivo.

Graças à velocidade da Máquina Externa, no século XX deu-se a colonização do espaço planetário. Os meios de transporte permitiram chegar a cada centímetro do planeta, que pôde, assim, ser conhecido, marcado, esquadrinhado, submetido ao controle e à exploração. As máquinas permitiram percorrer toda a superfície do planeta, deslocar-se rapidamente, penetrar nas vísceras da Terra, sugar os recursos que estavam escondidos sob a crosta terrestre, ocupar cada espaço visível com produtos replicados mecanicamente.

Enquanto a Máquina Externa podia projetar-se em direção a novos territórios a serem explorados, existia um futuro a ser conquistado, porque o futuro não é apenas uma dimensão do tempo, mas também uma dimensão do espaço. Futuro são os espaços que não conhecemos ainda e que precisamos descobrir, explorar.

Quando cada milímetro do espaço terrestre havia sido colonizado, iniciou-se a colonização da dimensão temporal, ou seja, do vivido, da mente, da percepção. Começou, então, o século sem futuro. Abre-se aqui a questão da relação entre expansão ilimitada do ciberespaço e limites do cibertempo. O cibertempo é o tempo mental, a atenção que a sociedade é capaz de manter.

O ciberespaço, ponto de intersecção virtual das projeções geradas por inúmeros emitentes, é ilimitado e se expande continuamente. O cibertempo, ou seja, a capacidade de elaboração mental no tempo, não é de forma alguma ilimitado. Seus limites são aqueles da mente humana, e são limites orgânicos, emocionais, culturais. No ponto do cruzamento e de tensão entre a expansão do ciberespaço e os limites do cibertempo estão em jogo a sensibilidade, a empatia e a própria ética. A sensibilidade é a faculdade que possibilita a compreensão empática. É a capacidade de compreender o que não pode ser dito em palavras, de compreender intuitivamente o *continuum* da vida que não pode ser traduzido em simples signos. A sensibilidade é a capacidade de interpretar signos não verbais, graças à capacidade de interpretação que provém do fluxo empático. Essa capacidade, que permitia à raça humana compreender mensagens ambíguas no contexto da relação, está certamente arrefecendo e, talvez, desaparecendo. Submetida à aceleração infinita do infoestímulo, a mente reage na forma de pânico ou de dessensibilização. Parece que está se constituindo uma geração de humanos cuja competência sensorial é reduzida. A habilidade de compreender empaticamente o outro, de interpretar sinais que não tenham sido codificados segundo um código de tipo binário, torna-se cada vez mais rara, cada vez mais frágil e incerta. Mas disso vamos falar mais adiante.

O FUTURO DOS MODERNOS

Quando, em 1977, ano de uma mudança radical, um grupo de músicos ingleses gritou *"No future"*, parecia um paradoxo a que não se deveria dar muita importância. Na realidade, tratava-se de um anúncio muito sério. A percepção do futuro começava a mudar.

Porque o futuro não é uma dimensão natural da mente humana, é uma modalidade de percepção e de imaginação, de espera e de avanço. E essa modalidade se forma e se transforma no curso da história.

O futurismo é o movimento cultural que encarnou e defendeu fortemente o futuro da plena modernidade. Esse movimento cultural e artístico anunciou o século XX – aquilo que há de mais essencial no século XX – porque o século XX concretizou a época que acreditou no futuro.

Essa época acabou, não há dúvida. Nós, os tardomodernos, não acreditamos no futuro da mesma maneira que os modernos. A palavra "acreditar" tem vários significados. Dois, especialmente, aqui me interessam. Acreditar significa "atribuir existência" (como quando dizemos "acredito em Deus"). Mas acreditar significa também atribuir credibilidade, "ter confiança", como quando dizemos "acredito no que você me disse". Em inglês, diríamos "to believe" no primeiro caso e "to trust" no segundo. "We believe in the existence of God" ou, então, "in God we trust". A modernidade não se limita a acreditar na existência do futuro, na continuidade de um tempo que segue ao tempo presente. Os modernos acreditam que o futuro seja confiável, espera-se do futuro a realização das promessas do presente.

Não podemos dizer que os pós-modernos não acreditam mais na existência do futuro. Sabemos muito bem que amanhã de manhã vamos acordar de novo. Mas tendemos a não acreditar que o futuro estará à altura das expectativas deixadas para nós como herança pela época moderna. Não colocamos em dúvida a existência física do futuro, mas questionamos algo que era óbvio nos séculos XIX e XX, ou seja, que futuro e progresso são equivalentes.

A modernidade forma com a projeção progressiva do futuro uma unidade indivisível. Modernos são aqueles que vivem o tempo como esfera do progresso rumo à perfeição ou, pelo menos, a uma condição cada vez melhor, mais feliz, mais rica, mais plena, mais justa.

A partir de certo momento – e, se me permitem, identifico o ano de 1977 como esse divisor de águas –, a humanidade começou a duvidar que futuro e progresso são equivalentes. A modernidade nasceu a partir da derrubada da visão teológica do presente e do futuro como tempos de Queda. No âmbito teológico, o presente representa uma queda, um distanciamento de Deus. Apenas quando, a partir do humanismo, o tempo histórico se tornou acumulação de saber e de potência, o futuro apareceu como progresso, como aperfeiçoamento do conhecimento da esfera técnica e da potência humana.

O historicismo hegel-marxiano, que forma profundamente o espírito histórico da modernidade do século XIX, afina essa visão do futuro afirmando uma ideia segundo a qual a história é um conflito destinado a se resolver com a manifestação da Razão, com o domínio final da Razão sobre o mundo, com a afirmação final da identidade entre Razão e Realidade.

O comunismo era a tradução ideológica militante e quase religiosa dessa percepção do futuro como realização da Razão. Graças ao horizonte ideológico do comunismo, no século XX, a confiança na realização progressiva da Razão tornou-se prática consciente de milhões de homens.

Não se deve subestimar o fato de que, no século XX, os veículos de comunicação e a escolarização em massa, bem como o papel educativo e emancipatório do movimento operário, fizeram com que a relação entre consciência e história se tornasse um fenômeno amplo e difuso, que envolveu milhões de homens e de mulheres. A consciência histórica não era mais apanágio de um pequeno grupo de intelectuais, mas fenômeno majoritário, patrimônio de grandes massas. O ano de 1968 pode ser considerado o momento em que as forças sociais do conhecimento reivindicam a potência política e reivindicam para si o timão do mundo.

No ano em que a escolarização de massa atinge seu ápice, o conhecimento se torna força diretamente política. O ano de 1968 era, pensava ou acreditava ser o cumprimento, o ponto de chegada da promessa moderna, aquela promessa de uma identidade entre Razão e História que está no centro do pensamento moderno.

Segundo os manifestantes de 1968, estava se realizando a utopia moderna. Mas justamente por se realizar aquela utopia, pela integração da Razão (transformada em saber social, informação, técnica) e da realidade econômica do capital, a história se transformou em processo gerador dominado por um código.

Mas 1968 não soube decidir-se entre uma versão dogmática da ironia, que culminou muitas vezes no terror, e uma versão irônica, que soubesse transformar-se em projeto. Em nome da sociedade ideal, constituíram-se, no século XX, estados autoritários e justificou-se o exercício do terror. Os espíritos dogmáticos acreditam que a utopia seja linguagem instituidora e que a imaginação deva ser fundadora da realidade. Mas a imaginação não funda nada, só pode revelar horizontes de possiblidades.

Quando o projeto conhece a sua imperfeição, a utopia se faz irônica. A ironia é a suspensão do sentido de um enunciado, suspensão da relação entre significante e significado. Irônico é quem compreende que as palavras se concatenam em um plano que não é coextensivo ao plano do real. A ironia aponta para uma desconexão da relação entre significante e significado, um excesso de sentido, um outro sentido possível, ou talvez uma infinidade de outros sentidos possíveis.

O AUTOMÓVEL

Marinetti escreveu que o automóvel é mais bonito que a *Vitória de Samotrácia*. Por que não acreditar nele? Quem pode dizer o que é belo e o que é mais belo que o belo? Certamente o automóvel teve no século XX um apelo estético superior a qualquer obra de arte do passado. Conta-se que Marinetti sofreu um acidente de carro antes de escrever o Manifesto. Não haveria também, naquela ênfase estetizante, uma tentativa de exorcismo contra o medo?

Tendo criado carros enormes, bufantes, velozes e muito mais potentes que os monstros míticos da Antiguidade, os homens parecem tomados por um terror sagrado e põem em cena rituais de submissão à máquina ou se exercitam em exaltações desmedidas da nova beleza, a beleza da técnica, a beleza da velocidade e do automóvel!

A audácia da velocidade e da guerra, o desafio do perigo, a exaltação da potência técnica se fundam aqui em um único gesto que é a concretização ideológica e estética da exaltação das virtudes guerreiras e da desvalorização de tudo o que é feminino. Porque o feminino é inimigo do futuro.

> Queremos celebrar o homem que segura o volante, cuja haste ideal atravessa a Terra, lançada a toda velocidade no circuito de sua própria órbita.[2]

Esse cavaleiro automobilista segura o volante cuja haste atravessa a Terra. Para nós, modernos tardios, presos no tráfego das rodovias em uma tarde de outono, a audácia automobilística do intrépido Marinetti provoca riso.

Mas entendemos o sentido daquele entusiasmo, que não é apenas automobilístico.

[2] Esta e as próximas citações são do Manifesto Futurista, de Marinetti. [N.E.]

Naquela imagem da haste que atravessa a Terra, podemos perceber o ímpeto místico do macho que penetra. A haste do cavaleiro automobilista atravessa a Terra fêmea submetendo-a às vontades da técnica, do progresso e da velocidade.

A Terra fêmea, por sua vez, também está lançada a toda velocidade no universo. Ela também corre no infinito dos céus, mas a técnica permite ao homem dominá-la. A técnica é a força de domínio sobre a feminilidade entendida como fraqueza, fragilidade, ternura, submissão. A ideia expressa aqui por Marinetti é intrínseca a toda a história da cultura moderna, cultura da submissão da Terra por parte do homem. E a Terra é feminina, enquanto o homem é a técnica.

Aqui estamos nós, presos no trânsito, voltando do trabalho, onde o chefe nos açoitou com o seu chicote poderoso babando em cima de nós com sua barriga obesa que sai das calças.

E há também a exaltação da velocidade. Velocidade é potência, Paul Virilio nos ensinou isso. Velocidade e potência são a mesma coisa na guerra moderna. Nela, vence quem chega primeiro. Hitler vencia a guerra até 1942 porque tinha criado uma estrutura de transporte mais veloz que a do exército francês. Guerra-relâmpago. Depois chegaram os aviões norte-americanos, mais velozes ainda.

Não apenas na guerra, mas também na política e na economia, vence quem chega primeiro. A informação do sistema financeiro global inaugura uma competição de velocidade que se dá no fio dos milésimos de segundo. E a vitória política sorri para aqueles que atingem mais rapidamente o eleitorado com sua mensagem, outorgando para si o domínio sobre a mídia, sobretudo sobre a televisão.

Quando a informática se funde com a telefonia, a velocidade torna-se tempo real, velocidade absoluta, copresença de todos os lugares. Não mais aceleração, não mais redução das distâncias, mas abolição do espaço.

Estamos no promontório extremo dos séculos, pois já criamos a eterna velocidade onipresente.

Marinetti parece ir além da própria ideia de velocidade mecânica. Estende-se ao amplo espaço que o suspende correndo sobre o tempo dos séculos da história na eterna velocidade onipresente. Eterna e onipresente. Há algo nessas palavras que nos faz pensar no tempo real, na instantaneidade eletrônica, no período pós-industrial, como um *flash* que consegue ultrapassar toda a história das realizações do século XIX para atingir a imaginação cibercultural, que toma forma no final do século que acreditou no futuro, último avatar do futurismo, último ato de fé no futuro. Última utopia.

DESPREZO PELA MULHER

Queremos glorificar a guerra – única higiene do mundo –, o militarismo, o patriotismo, o gesto destruidor. Queremos glorificar a guerra, única higiene do mundo...

A guerra que Marinetti está glorificando é a guerra utópica, o duelo de cavalaria do passado. Mas a guerra do século XX tornou-se algo bem diferente das fantasias cavaleirescas e românticas do cretinismo militar-futurista. Não tem nada a ver com a utopia futurista do ataque audaz. Tornou-se extermínio tecnológico de mulheres, de velhos e de crianças por parte de exércitos profissionais.

Os historiadores calculam que, nas guerras ocorridas até 1914, os mortos civis tenham sido uma exígua minoria, algo em torno de 5 ou 6%. Aqueles que morriam em grande número (raramente comparáveis aos números das guerras do século XX) eram jovens audaciosos, desejosos de brigar, especializados em dar golpes em outros jovens. Ao longo do século XX, o número de civis mortos cresceu a cada guerra. Nos conflitos dos anos 90 do século XX, as vítimas são, em sua quase totalidade, civis. Na guerra iugoslava entre 1991 e 1999, calcula-se que mais de 92% eram civis. Nas guerras norte-americanas no Iraque e no Afeganistão, os bombardeios mataram sem distinguir seus alvos. Os militares profissionais da guerra tardomoderna são exterminadores científicos adestrados para atingir do alto dos céus vilarejos onde se abrigam mulheres, velhos e crianças indefesos.

A guerra do século XX é o fim da cavalaria e da coragem masculina. Em 1909, o futurismo exaltava a guerra da audácia, mas poucos anos depois se inicia a guerra mundial, a primeira guerra tecnológica, na qual, no lugar da audácia, é necessário ter competência técnica com a finalidade de exterminar indefesos. A utopia da audácia se transforma na realidade da guerra desumana.

Queremos destruir o feminismo e toda vileza oportunista e utilitária.

O desprezo pela mulher é explicitamente teorizado pelo futurismo italiano.

O que quer dizer desprezo pela mulher? É o desprezo que o futurismo experimenta em relação ao que reduz a potência produtiva e, em última análise, agressiva. O princípio competitivo domina o imaginário político e econômico da modernidade que o futurismo quer importar para a Itália.

Aquela Itália neutra, oportunista, sensual; aquela Itália mediterrânea e preguiçosa, que, na esteira de Giolitti,[3] que não queria participar do conflito de 1914, era a *Italietta* a ser extinta, superada ou, pelo menos, recalcada.

O futurismo é, também, a tentativa de impor uma militarização da identidade italiana. O *Risorgimento* havia sido um fenômeno completamente marginal na tradição italiana e não criara uma força militar nem uma propensão cultural para a afirmação de uma nação imperialista.

Para que a Itália pudesse entrar no rol das potências modernas, deveria desenvolver uma política colonialista e, para isso, era necessário um processo de forte modernização. O futurismo intuiu que modernização e militarização coincidiam, na situação italiana. No país da *dolce vita*, onde a natureza e a história depositaram tanta beleza, como seria possível convencer as pessoas a se amontoar nas metrópoles industriais? Modernização e militarização são a mesma coisa, no espírito futurista.

Podemos encontrar uma raiz profunda do fascismo italiano no medo da própria feminilidade, no medo ou na vergonha que a sociedade italiana experimentava em descobrir-se feminina. Medo da mãe, medo da feiticeira, medo de Circe e de Calipso.

No fascismo em geral, estava implícita uma repressão do feminino social; ela se manifestava como verdadeira violência contra as mulheres, mas se manifestava, antes de mais nada, como guerra ao feminino que a sociedade masculina carregava consigo. Não apenas homofobia, mas endurecimento da esfera sensual, imitação, muitas vezes farsesca, das civilizações guerreiras. A Itália já não tinha nenhuma cultura da guerra desde

[3] Giovanni Giolitti, político italiano de esquerda, que, tendo renunciado a seu mandato de primeiro-ministro em março de 1914, passou a defender a neutralidade política da Itália na Primeira Guerra Mundial. [N.E.]

o século XVII. E, mesmo antes do século XVII, mais do que fazer a guerra, os italianos preferiam pagar alguns alemães para que viessem fazê-la em seu lugar.

Seria interessante a esse propósito fazer uma referência à história cultural do Japão, que viveu uma forma de futurismo na época Shōwa, nas décadas que seguiram ao terremoto de 1923 e mesmo antes, após a Restauração Meiji, que introduzira autoritariamente o espírito e as técnicas da modernidade em um país que havia se mantido em situação de isolamento tradicional. O fascismo japonês também pode ser interpretado como recalque da feminilidade profunda do espírito japonês.

O psicanalista Takeo Doi fala do *amae* como mecanismo profundamente inscrito no psiquismo das culturas nipônicas. Em certo sentido, segundo Takeo Doi, que é de formação freudiana, o *amae* tem origem em uma fase inicial ao que a psicanálise ocidental chama de complexo de Édipo.

A partir do momento em que o *amae* parece surgir como emoção experimentada pelo lactante em relação à mãe, ele necessariamente precede à instauração do complexo de Édipo da teoria psicanalítica. Deve, portanto, corresponder àquela tenra emoção percebida na primeiríssima infância que Freud definiu como escolha primária do objeto da criança.[4]

No conceito de *amae* está implícita uma forma de dependência psicológica e de entrega de si a uma autoridade afetiva. Uma dependência que se manifesta como irresponsabilidade pessoal e, ao mesmo tempo, como profunda interiorização da disciplina. Takeo Doi observa que na concepção política do seu país

4 Takeo Doi, *Anatomia della dipendenza: un'interpretazione del comportamento sociale dei giapponesi*, trad. Dario Gibelli. Milão: Raffaello Cortina, 1991, p. 26.

o imperador espera que todos que o circundam se responsabilizem por tudo, inclusive, obviamente, pelo governo do país. Por um lado, ele depende completamente de todos, mas, do ponto de vista hierárquico, é superior a eles. Quanto à dependência, não é diferente da de um lactante, e, no entanto, seu nível é o mais elevado do país, prova inegável do respeito ao acordo existente no Japão quanto à dependência infantil.[5]

Li recentemente *Amor insensato*, um romance do grande Junichiro Tanizaki. O protagonista Joji tomou para si, com o consenso de sua família paupérrima, uma menina de catorze anos, a selvagem Naomi, e a criou observando-a com respeito e dedicação. Joji desenvolve em relação a Naomi um afeto paterno, mas também um desejo sensual. Quando Naomi floresce e torna-se uma mulher lindíssima, entre Joji e Naomi se cria uma relação conjugal que, para cada um deles, significa muitas coisas, mas, sobretudo, uma confiança cega e inabalável no outro ou, mais ainda, na figura simbólica que o outro desempenha no sistema emocional. Para Naomi, Joji é um pai, aquele que deve abrigar, alimentar, pagar. Mas é também o companheiro de jogos sexuais. Para Joji, Naomi é a filha que precisa criar, alimentar e educar, mas é também o arrebatador objeto de paixão sexual. Nem mesmo quando fica evidente que Naomi o trai com inúmeros amantes, Joji consegue se libertar da dependência da filha-amante. Nem mesmo quando Naomi se vê diante dos pedidos desesperados de Joji para que lhe devolva a paz e vá embora de casa, ela deixa de considerar o marido um pai no qual pode sempre confiar.

A importância do sentimento de *amae* na definição da psicologia desse povo pode explicar uma particularidade importante da história japonesa nos séculos da modernidade: a flexibilidade e a adaptabilidade

5 Id., ibid., p. 62.

das formas de vida e de organização social a modelos de importação estrangeira, mesmo no isolamento geográfico e político do arquipélago nipônico. A modernização desse país impôs um movimento de efeminação do fluxo cultural dominante. A adequação às técnicas ocidentais, ao domínio da mecânica, ao racionalismo industrial e, depois, às tecnologias reprogramadas da eletrônica requeria uma conversão do *amae* ao espírito empresarial. A submissão *amaica* tornou-se, então, submissão à *corporation*, à família econômica potente na qual se identificar.

A passagem para a modernidade funcional demandou um enrijecimento do psiquismo japonês que vai *pari passu* (nem determinante nem determinado, mas implícito) com a pulsão imperialista que se manifesta a partir dos anos 1930 de maneira agressiva e prepotente.

No substrato cultural que preparou o fascismo japonês do século XX, é possível recuperar um movimento semelhante de repulsão e de recalque da feminilidade social. A tentativa desesperada de não ser mulher, de afirmar a própria virilidade parece estar em funcionamento no histórico militarismo nipônico que descende da tradição dos funcionários armados, os samurais, e se transfere à ideologia imperial nacionalista *tenno* que sustenta o esforço de guerra nazista dos anos 1930 e 1940.

O desfecho da guerra após o bombardeio de Hiroshima obrigou os japoneses a abandonar a dureza masculina que tinham posto em cena durante a década do nacionalismo ascendente e nos anos da guerra. Em *Corpos da memória*, Yoshikuni Igarashi fala explicitamente de "efeminação da percepção de si" do Japão do pós-guerra.

O relacionamento entre os Estados Unidos e o Japão no melodrama do pós-guerra é altamente sexualizado. O drama coloca os Estados Unidos no papel do homem, Hirohito e o Japão no de uma mulher dócil, que aceita incondicionalmente o desejo dos EUA por autoconfiança [...]. Em 27 de setembro de 1945, o Imperador Hirohito visita, pela primeira vez, o general Douglas MacArthur, o supremo comandante das Forças Aliadas na Embaixada Americana. Esse encontro foi cuidadosamente preparado pelos oficiais japoneses. MacArthur descreve a cena de seu encontro com Hirohito de forma excessivamente teatral: "Ele [o Imperador] estava nervoso e o stress dos meses passados ficou plenamente visível. Eu dispensei todo mundo menos o intérprete dele, e nós nos sentamos diante da lareira de uma das extremidades do imenso salão de recepção. Eu lhe ofereci um cigarro americano que ele aceitou com gratidão. Eu notei como as mãos dele tremiam enquanto acendia o cigarro para ele. Eu tentei tornar aquilo, o quanto pude, o mais fácil possível para ele, mas, eu sabia o quão profunda e aterradora poderia ser a agonia da humilhação dele".[6]

O tema do *amae* retorna aqui como possível critério de interpretação psicológica da flexibilidade do espírito japonês e de sua (dolorosa) efeminação. A história japonesa moderna parece passível de definição como recalque de uma inata submissão feminina ou gentileza que podemos interpretar como manifestações do *amae* de que fala Takeo Doi.

[6] Yoshikuni Igarashi, *Corpos da memória: narrativas do pós-guerra na cultura japonesa (1945-1970)*, trad. Marco Souza e Marcela Canizo. São Paulo: Annablume, 2011, pp. 82-83.

É PRECISO ARRANCAR
ALEGRIA AO FUTURO

Mudemos de cenário. Vamos para a Rússia futurista. O futurismo russo surgiu um pouco mais tarde que o italiano e produziu obras e efeitos na cultura da Rússia revolucionária.

Na conclusão de um poema dedicado ao poeta Serguei Iessiênin, que havia se matado em um quarto do Hotel Inglaterra em 1926, Vladímir Maiakóvski escreve:

> Que o tempo/ cuspa balas/ para trás,
> e o vento/ no passado/ só desfaça
> um maço de cabelos.
> Para o júbilo/ o planeta/ está imaturo.
> É preciso/ arrancar alegria/ ao futuro.[7]

Antes de morrer, Iessiênin tinha escrito alguns versos com sangue após ter cortado as veias e Maiakóvski fala disso com ironia melancólica:

> Talvez,/ se houvesse tinta/ no "Inglaterra",
> você/ não cortaria/ os pulsos.[8]

Em seguida, continuando nesse tom de leveza que não quer ser irônico, mas cúmplice (Maiakóvski seguirá o exemplo de Iessiênin apenas quatro anos mais tarde), o autor de "A nuvem de calças" faz considerações sobre a vodca, sobre a descrença no destino da revolução e sobre o tédio, que é pior que o desespero.

---

[7] Trecho do poema "A Sierguéi Iessiênin", in *Maiakóvski: poemas*, trad. Boris Schnaiderman, Haroldo de Campos e Augusto de Campos. São Paulo: Perspectiva, 2017, p. 187.

[8] Id., ibid., p. 183.

> Melhor/ morrer de vodca
> que de tédio![9]

Maiakóvski se dirige a Iessiênin como se falasse consigo mesmo, como para se convencer de algo que ainda não está claro. Os tempos eram duros. Havia a guerra civil, a carestia e a onda crescente de conformismo, de repressão e de marginalização que atingia os poetas.

Para Maiakóvski, essas eram as dificuldades do presente. Por isso, era preciso arrancar alegria ao futuro. Era essa a crença da época. Maiakóvski se matou quando se deu conta de que não se podia esperar alegria dos dias futuros. No suicídio de Maiakóvski, quatro anos depois do de Iessiênin, está a marca dessa passagem da utopia ao desespero, à diminuição da esperança de alegria no futuro.

Os futuristas russos põem no futuro uma ênfase mais difusa, diferenciada, rica, em relação ao futurismo italiano. Maiakóvski fala aqui de dias futuros de maneira muito concreta, humana, quase pessoal.

> Virá um ano sem zeros
> Terá cessado o estrondo das últimas batalhas-trovões
> Em Moscou não haverá mais um beco ou uma rua
> Apenas aeroportos e casas.

Assim escreveu Maiakóvski no poema "O proletário voador", de 1925.

Certamente no futuro dos *budetliáne*, os futuristas russos, estavam a máquina, a técnica, a velocidade, como no futurismo de Marinetti. Maiakóvski também se apaixonou pelo aço, pelo ferro e pelo cimento das grandes metrópoles.

[9] Id., ibid., p. 182.

Como à igreja vai
         o fervoroso crente,
como, simples e severo,
            entra o monge na cela,
assim eu,
     entre as sombras cinzentas do crepúsculo,
humildemente entro
          na ponte do Brooklyn.
Como numa cidade,
       entre nuvens de pó,
             penetra o vencedor,
atrás de seus canhões
         compridos como girafas –
assim eu, cheio de orgulho,
         famélico de vida,
subo orgulhoso
       pela ponte do Brooklyn.
[...]
Pelos fios
    da rede elétrica –
sei –
   era a época
       que se seguiu ao vapor –
aqui
   as gentes
       já gritavam pelo rádio
aqui,
   as gentes
       já voavam em avião [...][10]

10 Maiakóvski, "A ponte do Brooklyn", in *Antologia poética*, trad. Emílio C. Guerra. São Paulo: Max Limonad, 1987, pp. 163-65.

Mas a utopia que terá que se realizar no futuro de Maiakóvski tem cores políticas opostas às da utopia dos futuristas italianos.

No futurismo russo, há uma riqueza de tons e uma ironia de sotaques que no italiano não existe. Os futuristas italianos atuam com brutalidade, proclamam a violência exaltando a guerra, enquanto os futuristas russos falam da violência em termos histórico-dialéticos.

> Dialética,/ não aprendemos com Hegel.
> Invadiu-nos os versos/ ao fragor das batalhas,
> quando,/ sob o nosso projétil,
> debandava o burguês/ que antes nos debandara.[11]

A DEPRESSÃO DE LÊNIN

Quando lemos a exaltação da guerra no Manifesto de Marinetti, tendemos a considerá-la uma antecipação do fascismo e, naturalmente, isso é legítimo. Entretanto, no início do século XX, a exaltação da violência não era um apanágio apenas dos combatentes e militares, pertencia ao léxico dos socialistas e dos comunistas e à cultura do modernismo em geral.

A violência era concebida como uma passagem necessária para expressar o que está reprimido na forma social do presente. Para os leninistas, a violência era a mãe do socialismo, a porta de acesso ao futuro. A dupla conceitual repressão-expressão anunciava a exigência de um rompimento. E a palavra rompimento era parte integrante do léxico político do início do século XX.

Havia todo um imaginário masculino da violência como ruptura e penetração, que estava profundamente inscrito na cultura

[11] *Maiakóvski: poemas*, op. cit., p. 225.

modernista e que o futurismo levou à sua forma mais explícita. Nesse imaginário, entrelaçavam-se recalque do feminino, depressão masculina e ativismo voluntarioso.

Na biografia de Lênin, esses elementos encontram-se estreitamente ligados. Do ponto de vista da história do movimento operário do século XX, do ponto de vista da autonomia estratégica da sociedade do capital, estou convencido de que o século XX teria sido um século melhor se Lênin não tivesse existido.

A visão de Lênin interpreta uma corrente profunda do psiquismo masculino moderno. O narcisismo masculino se confronta com a potência infinita do Capital e sai desse confronto transtornado, humilhado, deprimido. A depressão de Lênin me parece o tema central para compreender o papel que o pensamento pôde desempenhar na formação da política tardomoderna.

O que me interessou em *Lenin*,[12] a biografia escrita por Hélène Carrère D'Encausse, uma estudiosa de origem georgiana, autora, aliás, do livro *L'Empire éclaté* [O império em migalhas], que, já nos anos 1980, antecipou o colapso do império soviético atribuindo sua causa à insurgência integralista do Islã, não foi tanto a ação política de Lênin, mas a vida pessoal, o frágil equilíbrio psíquico, a relação afetiva e intelectual com as mulheres de sua vida, a mãe, a irmã e Nadejda Krupskaia, a companheira e mulher que cuidava dele nos momentos de crise psíquica aguda. E, enfim, Inês Armand, a perturbadora, um *unheimlich*, a amante que Lênin decide neutralizar, recalcar, como fez com a música, pelo que dizem.

O quadro psíquico descrito no livro é do tipo depressivo, e as crises de depressão mais agudas coincidem com as reviravoltas políticas decisivas empreendidas por Lênin no movimento revolucionário.

[12] *Lenin: l'uomo che ha cambiato la storia del '900*. Milão: TEA, 2003 [ed. original: *Lénine*. Paris: Fayard, 1998].

Diz Carrère D'Encausse:

Lênin colocava em tudo o que fazia uma tenacidade e uma concentração absolutamente excepcionais. Essa constância em todo esforço que julgava necessário lhe conferia uma grande superioridade sobre aqueles que o cercavam [...]; entretanto essa característica de sua personalidade produziu efeitos nefastos. Os esforços intensos demais o esgotavam, desgastando um sistema nervoso sem dúvida frágil. A primeira crise remonta a 1902 [...].[13]

São os anos da reviravolta bolchevique, os anos de *Que fazer?*. Krupskaia teve um papel essencial nas crises do companheiro. Interveio para filtrar suas relações com o resto do mundo, para providenciar as terapias, o isolamento, a clínica suíça e a finlandesa. Lênin saiu da crise de 1902 escrevendo *Que fazer?* e empenhando-se na construção de um "núcleo de aço", um bloco de força capaz de "romper" o elo frágil da corrente.

A segunda crise veio em 1914, quando se deu o rompimento da Segunda Internacional e o cisma dos comunistas. A terceira crise, fácil imaginá-la, ocorreu na primavera de 1917. Krupskaia encontrou um refúgio seguro na Finlândia. Lá surgiram as Teses de Abril, lá surgiu a decisão de impor a vontade sobre a inteligência, de impor uma ruptura que não respeitava a dinâmica profunda da luta de classes, mas impunha um formato externo. Porque a inteligência é depressiva, e a vontade é o único tratamento que permite ignorar o abismo. Ignorar, não excluir. O abismo permanece, e nos anos posteriores vamos descobri-lo e o século vai afundar.

Não pretendo discutir aqui a qualidade política das escolhas fundamentais feitas por Lênin. Interessa-me ressaltar a relação entre o voluntarismo

13 Id., ibid., p. 78.

bolchevique e a incapacidade masculina de aceitar a depressão, de elaborar a depressão a partir de dentro. Aqui está a raiz do voluntarismo subjetivista revolucionário que pôs em xeque a autonomia social ao longo do século XX. As escolhas intelectuais do leninismo foram tão poderosas porque justamente interpretavam a obsessão voluntariosa do homem diante da depressão.

AMOR FUTURO
(OS FUTURISTAS E AS MULHERES)

A expressão "desprezo pela mulher" era entendida pelos futuristas italianos como a necessidade de se libertar da fraqueza, da ternura, enfim, daquilo que é feminino, porque isso constituía um obstáculo para a afirmação da potência, da agressividade, indispensáveis para a modernização. Na cultura do futurismo soviético, também havia a exaltação da agressividade que chegava à impetuosidade juvenil do romantismo e, mais precisamente, do dispositivo conceitual da dialética histórica de origem marxista.

Pelo historicismo dialético marxista e leninista, a geração do novo implica uma violência necessária, um rompimento daquilo que impede a manifestação do futuro. No entanto, no futurismo russo essa necessidade de violência não parece contaminar profundamente a linguagem nem o modo de viver a relação com o outro e, acima de tudo, a relação com a mulher. O desprezo pela mulher da qual fala o futurismo italiano é o desprezo do princípio feminino. E isso está muito distante da linguagem e das biografias dos futuristas russos. Se o futurismo italiano tem uma vocação essencialmente nacionalista agressiva e machista, o futurismo russo tem uma vocação internacionalista, afirma o valor solidário da luta de classes e uma ideia libertária e igualitária da relação entre os sexos.

Maiakóvski escreve em um poema de cujo título não me lembro:

> Os proletários/ chegam ao comunismo/ do fundo
> do fundo das minas,/ foices/ e forcados.
> E eu,/ do céu da poesia,/ despenco rumo ao comunismo.
> Porque/ sem ele/ não há amor para mim[14]

Versos de uma beleza extraordinária que apenas o conformismo cínico pode considerar retóricos. Essa ideia de amor é antípoda à ideia de amor que têm os futuristas italianos. Marinetti escreveu um livrinho muito arrogante cujo título era *Como seduzir as mulheres,* centrado na ideia do macho dominador capaz de conduzir uma campanha militar em direção à presa escolhida e de submetê-la ao seu desejo.

Havia uma ideia de amor como guerra, como assédio, como conquista. Na cena amorosa, o futurismo italiano colocava o macho no centro como sujeito da sedução. A própria palavra "sedução" é significativa: seduzir significa conduzir para si e, de alguma maneira, submeter.

Na cena amorosa do futurismo russo, as coisas se apresentam de forma bem diferente. Basta pensar nas histórias de amor de nosso Vladímir Maiakóvski. Maiakóvski é o dândi, faz ironia de si descrevendo sua blusa amarela. Sussurra palavrinhas que deixam as moças coradas. Fala com sua voz agradável de baixo. É um gigante que vem da Geórgia, onde vivem homens bem mais sensuais e radiantes que aqueles que vivem em Moscou ou em São Petersburgo.

Um antigo provérbio da Geórgia diz que o georgiano tem uma mulher e sete aman-

[14] Trata-se do poema "Regresso" in *Antologia poética,* op. cit., p. 158-59.

tes e todas riem e dançam e fazem amor com ele, enquanto o russo tem uma mulher e uma amante e com a mulher se embebeda, chora e fala da amante e com a amante se embebeda e fala da mulher. Não sei onde ouvi esse provérbio ou se o inventei. Maiakóvski afasta-se (embora não totalmente) de certo niilismo sacrificial russo, que tem algo a ver com a vodca, e se apresenta como um dândi. A ironia o salva da *russidade*.

Costurarei calças pretas com o veludo da minha garganta e uma blusa amarela com três metros de poente. Pela Niévski do mundo, como criança grande, andarei, donjuan, com ar de dândi.[15]

Maiakóvski brinca e joga com o amor e, no entanto, soube também sofrê-lo. Mas o seu amor é sempre parte de uma aventura existencial coletiva.

Para que o amor não seja escravo
de casamento,
  luxúria,
    pão.
Maldizendo as camas,
    erguendo-se do estrado,
para que o amor preencha a imensidão.
Para que no dia,
    em que envelhecer de dor,
não suplique como mendigo.
Para que
  ao primeiro grito:
    – Camarada! –
a terra atenda num giro.
Para não

[15] "Blusa fátua", trad. Augusto de Campos, in *Poesia russa moderna*, op. cit., p. 178.

viver pelos buracos da morada.
Para que
   a família
      seja,
         após essa era que se encerra,
o pai,
   no mínimo o mundo,
   a mãe – no mínimo a terra.[16]

E também, com outro tom, mas o mesmo sentimento:

Fêmeas, gamadas em minha carne, e esta
garota que me olha com amor de gêmea,
cubram-me de sorrisos, que eu, poeta,
com flores os bordarei na blusa cor de gema![17]

A história de amor mais importante, aquela à qual dedicou muitas páginas do epistolário e obras poéticas, foi aquela vivida com Lília Brik, mulher de Óssip Brik, que foi o melhor amigo de Maiakóvski e um dos mais refinados teóricos da escola formalista. A história de Óssip, Lília e Vladímir acompanhou toda a sua narrativa existencial como uma comunidade afetiva e intelectual. Esse trio amoroso viveu em torno da figura dominante de Lília. Era Lília que queria e *desqueria*, era Lília que ia embora e voltava. Não se tratava de sedução, mas de jogo erótico-poético. Não havia um sujeito que seduzia um objeto, mas pessoas que viviam, sofriam e desfrutavam juntas no fluxo de um movimento que os reunia e separava e depois os reunia novamente. Maiakóvski foi um personagem muito feminino, se pensarmos no modo como suas

16 Maiakóvski, *Sobre isto*, trad. Letícia Mei. São Paulo: Editora 34, pp. 82-84.
17 "Blusa fátua", op. cit.

mulheres falavam dele. Havia uma fragilidade do nosso gigante georgiano que o tornava simpático mais que sedutor.

Tanto nas cartas a Lília quanto na correspondência com Tatiana Pávlovna, com a qual Vladímir viveu nos últimos anos de sua vida, surge a figura do poeta.

Ladra de meu coração
tu que tudo me tomaste
atormentando minh'alma de delírios,
aceita minha oferenda, querida,
pois talvez nunca mais eu invente nada.[18]

O amor do qual falava Maiakóvski é simpatia universal, é a atração que os seres humanos experimentam um pelo outro no jogo ininterrupto do tornar-se social e cósmico. O amor é percepção comum, emoção compartilhada que não se reduz ao casal.

Sedução é a estratégia que permite reduzir a objeto o outro, o seduzido, o submetido. Simpatia significa sentimento comum, *páthos* comum que se deixa levar por um fluxo. Essa ideia de amor está próxima à poética do futurismo russo, à mesma concepção da linguagem e da poesia. E, para entender essa analogia de amor, simpatia e linguagem, é preciso falar de Vielimir Khlébnikov.

ZAÚM

O futurismo nasce do trabalho simbolista sobre a palavra, nasce da descoberta da potência física da palavra, do objeto verbal. No léxico crítico do OPOIAZ, a escola do formalismo russo, a palavra "palavra" é substituída pelas palavras "objeto verbal". Ela se re-

[18] "A flauta--vértebra" in *Antologia poética*, op. cit., p. 108.

fere a um signo significante, um signo que indica, que reflete, que quer dizer algo. O objeto verbal não reflete nada, é um objeto que vem antes de seu efeito significante.

Khlébnikov era um jovem tímido que se vestia com um longo casaco preto, tinha o hábito de viajar sempre de trem e passava o tempo nas estações escrevendo continuamente em folhinhas que juntava na fronha de um travesseiro sobre o qual dormia à noite. Escrevia poemas que mudariam o mundo com a mesma potência de sua musicalidade primordial, até que em 1917 aconteceu uma coisa. Khlébnikov encontrava-se no vagão de um trem que foi parado por um pelotão de soldados revolucionários gritando que iam incendiar os trilhos da ferrovia. Anunciavam que a revolução havia estourado e a Rússia estava no centro da mudança. O poeta acordou, pegou o travesseiro cheio de seus poemas e o jogou na fogueira da revolução. É uma lenda que quer dizer muito sobre Khlébnikov, sobre a poesia dos futuristas, sobre a fusão entre o poeta e o povo, entre a palavra e o acontecimento. A palavra produziu o seu acontecimento e, a essa altura, pôde se queimar.

Em 1919, Khlébnikov declarou sobre seus poemas: "Eu quis descobrir os infinitesimais da linguagem". Ele quis descobrir as moléculas que compõem a potência produtiva da linguagem. Nunca permaneceu na superfície referencial da palavra, mas quis apreender da linguagem o que a torna capaz de produzir, a sua potência química que muda o mundo. Khlébnikov fala de linguagem transmental ou *zaúm*, que, para ele, significa uma língua capaz de evocar mesmo não tendo um significado convencional, mesmo não se referindo a nenhum referente. Uma língua que está além da potência referencial da linguagem.

A finalidade é criar uma língua escrita comum para todos os povos deste terceiro satélite do Sol, inventar símbolos escritos que possam ser compreendidos e aceitos por toda a nossa estrela [...]. Uma poesia tem algo a ver com o voo, no mais breve tempo possível sua linguagem deve cobrir a maior distância entre imagens e pensamento.[19]

Há uma revolução semiótica que antecipa o futuro no delírio do *zaúm* khlebnikoviano. Em semiótica, distinguimos signo de referente e consideramos que entre os dois está o campo da semântica, no qual se agitam os significantes e os significados. O que seria o significado? O que seria o referente? E como pode o signo referir-se a um referente? Saussure nos explica que a língua tem um caráter arbitrário e convencional. Não existe uma razão ontológica pela qual a palavra "árvore" signifique aquela coisa que sabemos, tanto é verdade que em inglês se diz de outra maneira. A palavra tem uma relação convencional com seu referente. Estamos de acordo, aprendemos que a palavra "árvore" significa aquilo e, toda vez que ouvimos as sílabas ár-vor-re, em nossa mente aparecem folhas, ramos e um tronco.

O simbolismo coloca em discussão esse caráter convencional da palavra. Não a nega, não pretende que a palavra "árvore" seja em si uma palavra mágica. Árvore é, como diz Saussure, aquela coisa arbitrária e convencional, porém, quando usamos a linguagem de maneira convencional e não arbitrária, podemos apreender a essência da *arvoredade*. E a essência não é convencional, mas sim, diz Khlébnikov, transmental.

O simbolismo é o laboratório em que se trabalha para fazer emergir o efeito de sentido da potência evocativa da linguagem.

Basta ler as primeiras linhas de "La sera fiesolana" [Noite em Fiesole], de D'Annunzio, para entender isso.

[19] Khlébnikov, "On Poetry", in *The King of Time: Selected Writings of the Russian Futurist*, org. Charlotte Douglas, trad. Paul Schmidt. Cambridge: Harvard University Press, 1990, pp. 146, 153.

Fresche le mie parole nella sera
Ti sien
Come il fruscio che fan le foglie [...][20]

O que faz D'Annunzio? Utiliza um nível de linguagem que não é o do referencial arbitrário e convencional, mas da sonoridade. A música se distingue da língua porque seu funcionamento semântico não se baseia na arbitrariedade nem na convenção. Há convenções também na música, que fique claro, há nela atribuições arbitrárias de significado. Mas o sentido da frase musical não é passível de ser obtido por convenção. A música não quer dizer da mesma maneira que as palavras querem dizer.

Ninguém pode discutir o significado da música, porque seu significado não se apreende pela análise do discurso. A palavra, como também a música, possui um registro de vibração evocativa e sonora. Se digo *"naufragar mi è dolce in questo mare"*,[21] em vez de dizer *"S'ode a destra uno squillo di tromba"*,[22] estou construindo algo que não tem muito a ver com o significado referencial do que eu disse, mas, no segundo caso, sugere a potência marcial ridícula do patriotismo, com o uso do octossílabo e do decassílabo; no primeiro, no entanto, sugere o sentimento de se dissolver docemente no infinito, com a potência do hendecassílabo.

Do ponto de vista da sonoridade, D'Annunzio é um mestre, pois tem uma capacidade extraordinária de interpretar o momento simbolista da poesia trabalhando em implicações evocativas da sonoridade. No poema "La sera fie-

20 "Frescas as minhas palavras na noite/ sejam para ti/ como o farfalhar das folhas". [N.T.]
21 "e doce é naufragar-me nesses mares", trad. Ivo Barroso do poema "L'infinito", de G. Leopardi in *Giacomo Leopardi: Poesia e prosa*. São Paulo: Nova Aguiar, 1996. [N.T.]
22 "À direita ouve-se um toque de trombeta", coro do ato II de *Il Conte di Camargnola*, de Alessandro Manzoni, 1820.

solana", descreve uma qualidade da luz, uma sensação de umidade, com palavras que não significam mas evocam.

Khlébnikov aprendeu a lição dos simbolistas e dela extraiu a consciência de que na linguagem há algo que não é referencial, mas a-significante. Ao definir sua poesia *zaúm* como transmental, ele entende justamente a capacidade de transferir de uma mente a outra o significado que não é possível expressar de forma convencional.

Quando digo a palavra *gato*, você me entende se falamos a mesma língua, e isso significa que em sua cabeça aparece um animal que tem quatro patas, olhos verdes e ronrona. Uma imagem mental é transferida de uma mente a outra graças a ativadores mentais que se chamam palavras.

No final do século XX, nos anos da difusão das tecnologias de simulação digital, espalhou-se a noção de que é possível transferir significados e imagens de uma mente a outra por meio de uma linguagem que tem características de máquinas e não verbais. É a ideia da realidade virtual que foi elaborada pelo austríaco Jaron Lanier. O rapaz, após ter tomado muitas doses de LSD, foi contratado pela Nasa com a missão de realizar tecnologias capazes de transferir de uma mente a outra conteúdos visuais imaginários, ou seja, significados.

No final dos anos 1980, Jaron Lanier conseguiu realizar a tecnologia do *Data Glove*, graças à qual é possível sentir uma bolinha que não existe por uma luva que envia à ponta dos dedos estímulos nervosos que a bolinha de pingue-pongue produziria se estivesse ali realmente.

Jaron Lanier fala da realidade virtual como uma forma de comunicação sem símbolos, uma comunicação que se efetua sem sinais portadores de significado. Não digo a você a palavra "gato", mas envio ao seu cérebro estímulos que permitem ver ou perceber a existência de um animal que mia, tem olhos verdes e ronrona. Essa é a realidade virtual.

Nos primeiros anos do século, antecipando todo o futuro da comunicação sem símbolos, Khlébnikov falava de *zaúm*. Ele se perguntava: quando a humanidade ainda não falava nenhuma língua, como se expressava? Como os humanos comunicavam os sentimentos e as percepções quando não dispunham ainda de uma língua? E respondia que se comunicavam em *zaúm*.

Não há um manifesto do futurismo russo que seja comparável ao do futurismo italiano, mas a obra de Maiakóvski é toda um manifesto. E Maiakóvski está em sintonia com a poética khlebnikoviana do *zaúm*.

Lemos, por exemplo, "Algum dia você poderia?". É um poema de 1913, anterior à produção agitadora e pró-bolchevique dos anos da ROSTA, a agência de comunicação para a qual Vladímir Maiakóvski trabalhou por vários anos antes, durante e depois da revolução de outubro. Maiakóvski agrupa imagens que nos fazem pensar na técnica da colagem e depois nos pergunta:

> E você? Poderia
> algum dia
> por seu turno tocar um noturno
> louco na flauta dos esgotos?[23]

Maiakóvski se pergunta como é possível produzir efeitos de significado usando materiais que não são aqueles que Saussure ou a linguística estrutural bem-educada nos sugeriram usar.

> Manchei o mapa quotidiano
> jogando-lhe a tinta de um frasco[24]

[23] Trad. Haroldo de Campos, in *Maiakóvski: poemas*, op. cit., p. 100.
[24] Id., ibid.

É o gesto do poeta maldito. O mapa do cotidiano, sempre igual, a repetição, a vida burguesa, o artista maldito mancha, suja ou colore. Colore e suja ao mesmo tempo o mapa do cotidiano. Esguichando tinta de um frasco, ele mancha uma colagem.

Aqui não temos uma colagem, mas uma mancha. Vemos o poeta esguichar tinta de um frasco na folha branca e, em seguida, surge então um prato de gelatina sobre o qual o poeta nos mostra as maçãs oblíquas do rosto do oceano. *Maçãs oblíquas*, naturalmente teríamos que lê-lo em russo se fôssemos capazes. Estudei russo por seis meses com muito pouco resultado. No máximo, posso dizer a vocês *na deliekó*, que acho que significa pouco distante. Infelizmente, não leio russo, não posso ler Maiakóvski em sua língua. Como se faz para conseguir a sonoridade do original maiakovskiano numa tradução para uma língua que não tem as mesmas características fonológicas? Pergunta interessante. Mas respondo assim: pela palavra "sonoridade" não entendemos apenas o que escutam os ouvidos, mas também o que os olhos imaginam.

As palavras contêm um valor semântico visual e não apenas sonoro, porque há uma vibração imaginária da palavra, assim como há uma vibração sonora. Nós vemos as maçãs oblíquas do rosto do oceano, que, no entanto, não podem ser vistas porque não significam nada.

E, em seguida, está a colagem, a escama de um peixe de estanho, talvez um cinzeiro de estanho feito em forma de peixe com escamas ou talvez...

li lábios novos chamando[25]

Lábios? Talvez os mesmos lábios que aparecem ao final de "La sera fiesolana", quando D'Annunzio

25 Id., ibid.

descreve as colinas ao redor de Fiesole como lábios que ninguém jamais beijou e se fecham para receber um beijo. Lábios, beijos, palavras, maçãs oblíquas: talvez aqui estejamos no território perigoso do qual o *advertising* surge separando-se da poesia mas sugando seu sangue?

O FUTURISMO E A PUBLICIDADE

Os simbolismos francês e russo produziram uma nova concepção da palavra e do signo poético. A linguagem não é mais concebida como designação de realidades objetais externas ao fluxo linguístico, porque a poesia o revitalizou em uma perspectiva evocativa.

Projetados no âmbito das ideias eternas, rumo a uma realidade superior, da qual nossa realidade visível é apenas um reflexo, um simulacro disforme, os simbolistas russos interpretavam a poesia como notícia de outros mundos, como culto esotérico, como registro de fórmulas mágicas.[26]

Quando o futurismo iniciou seus ruídos experimentais, a poética simbolista já havia inaugurado a metodologia linguística que levava à descoberta da força evocativa das palavras. Essa ideia, no século XX, dará forma à chamada publicitária, à criação de fantasmagorias que, quanto mais difusas, menos realistas, quanto mais performáticas, menos aderentes ao senso comum. O futurismo, mesmo tendo surgido em oposição ao langor simbolista, continua o trabalho iniciado pelos simbolistas no terreno da concepção linguística. O simbolismo rompeu toda

[26] Angelo Maria Ripellino, *Poesia russa del '900: introduzione*. Roma: Feltrinelli, 1960.

ligação com o realismo literário para fazer da palavra poética a evocação de mundos mentais refinados, extenuados e infinitos.

O futurismo se põe na mesma linha, embora no lugar dos véus e das flores murchas do sussurrante e lânguido simbolismo veja ribombantes motores, explosões de guerra, socos ao gosto do público. Em comum há a intenção antirrealista, a aspiração a uma linguagem que evoca mais do que descreve.

A palavra poética não deve descrever, mas expressar em si mesma. A palavra tem seu aroma, sua cor, sua alma. A palavra é um organismo vivo, e não apenas um signo para determinar um conceito.[27]

A palavra deve ser entendida, portanto, em sua autonomia e em seu aspecto objetal e deve ser entendida ela mesma como objeto. É uma realidade gráfica, fonética e semântica. A palavra, que o realismo concebia como um meio para expressar ideias morais e políticas e que os simbolistas tinham entendido como um meio de comunhão com o absoluto, como um "criptograma do inefável" (para expressar-nos com as palavras de Viatcheslav Ivánov), torna-se, para os futuristas, uma força autônoma e intrínseca à vida cotidiana e à utilidade vital. O enriquecimento do patrimônio lexical se dá mediante a invenção de palavras arbitrárias e derivadas, de neologismos, pela inserção no discurso poético de vozes não poéticas, baixas, puros sons ou fragmentos de vida cotidiana.

Liberada de sua subordinação ao referente, liberada do peso de seus deveres miméticos, realistas ou moralistas, a linguagem paira, autônoma em relação ao mundo, e aos poucos se constitui como laboratório de criação do mundo. E o mesmo se pode dizer naturalmente do signo pictórico, gráfico: a

[27] Maiakóvski, *Poesia e rivoluzione*. Roma: Editori Riuniti, 1968, p. 14.

linguagem artística se faz então Öffentlichkeit, criação de uma esfera pública, publicidade, no sentido originário da palavra, em seu significado fundador, de produção de um mundo público a partir da emissão de signos.

A palavra livre da personalidade criadora deve ser escrita nas quinas dos edifícios, das cercas, dos tetos, nas ruas das nossas cidades [...]. Todos os lados, as fachadas, o coração das cidades, das estações e das hordas de vagões ferroviários em movimento perene devem ser pintados com a vívida policromia do júbilo.[28]

A cidade é o laboratório no qual nasce a escrita da vanguarda, seu estilo, seus modos de comportamento, sua gestualidade e seu tom de voz. Mas, ao mesmo tempo, o poema quer ir pelo mundo, invadir a cidade, fazer parte dela, ser hieróglifo que trepa pelas fachadas dos edifícios e dos trens.

A poesia quer projetar e criar o futuro. O produto da poesia e da arte gráfica é justamente a cidade futura. O futuro não é exterior à poesia, não é a dimensão temporal da qual a poesia pretende nos falar. O futuro é o objeto da própria ação linguística. O futuro é um efeito de linguagem.

Que cidade aparece na obra dos futuristas russos e italianos? É a cidade em que explode, maciça e fragorosa, a contradição política entre as massas proletárias em movimento e a ordem constituída da burguesia, a cidade que pulsa no trabalho das oficinas e dos canteiros de obras, que zune dia e noite ativa e solidária.

A cidade proletária, que pulsa na linguagem do futurismo russo, é aquela que, segundo uma imagem de um manifesto de Maiakóvski, aperta com seus dedos, como se fosse uma mão gigantesca, o pescoço da burguesia até estrangulá-la.

[28] Maiakóvski, *Decreto nº 1 sobre a democratização das artes*, 1918.

É a cidade que move enormes massas de operários dos bairros periféricos para o centro, sendo assim agitada e invadida, até a subversão revolucionária. É essa cidade em convulsão que aparece nos manifestos da ROSTA.

> a Revolução lançou à rua a fala rude de milhões, a gíria dos arrabaldes se derramou pelas avenidas centrais [...]. É o novo cataclismo da língua. Como torná-lo poético?[29]

Não se trata de forma alguma de uma intenção populista, não se trata de introduzir a linguagem do povo nas salas aveludadas da poesia, não se trata de sobrepor a mediocridade da vida cotidiana à fineza da aura poética. Nada disso. Trata-se, ao contrário, de repensar a poesia como grito, como explosão, como bofetão no gosto do público. Mas trata-se também de levar para a vida cotidiana, para o movimento frenético da metrópole, das fábricas e das insurreições a delicadeza e a imaginação que apenas a poesia sabe evocar e difundir.

Nova é a realidade da "época que segue ao vapor", e nova precisa ser a relação entre a realidade e a linguagem. Não se trata de adequar as palavras às coisas, não se trata de escrever palavras que sejam aderentes às coisas. Trata-se de modificar o modo de produção da poesia para torná-lo adequado ao modo de ser da realidade. A poesia é concebida como trabalho de extração do sentido.

> A poesia/ – toda –/ é uma viagem ao desconhecido.
> A poesia/ é como a lavra
> do rádio,/ um ano para cada grama.
> Para extrair/ uma palavra,
> milhões de toneladas de palavra-prima.

[29] Maiakóvski, "Como fazer versos" in Boris Schnaiderman, *A poética de Maiakóvski*. São Paulo: Perspectiva, 1984, p. 170.

Porém/ que flama/ de uma tal palavra emana
perto/ das brasas/ da palavra-bruta.
Essas palavras/ põem em luta
milhões de corações/ por milhares de anos.[30]

A matéria bruta, a rocha da qual o rádio da poesia é extraído, é a linguagem, o mineral verbal, a linguagem social em sua forma maciça, aquela usada em todos os mercados e nas esquinas de cada rua, aquela dos vendedores ambulantes e dos sinais luminosos. Sobre esse material bruto intervém a intenção poética, a atividade daquele que escreve, compõe, corta e costura, produzindo o futuro por meio de inovação semiótica.

"A arte do futuro será poderosamente publicitária", escreve Fortunato Depero no manifesto "Il Futurismo e l'arte pubblicitaria", publicado em 1931.

A arte deve marchar *pari passu* com a indústria, com a ciência, com a política, com a moda de seu tempo, glorificando-as. Essa arte glorificadora é iniciada pelo futurismo e pela arte publicitária. A arte da publicidade é uma arte decididamente colorida, obrigada à síntese, arte fascinante que se plantou audaciosamente nas paredes, em fachadas de edifícios, nas vitrines, nos trens, nos chãos das ruas, em toda parte: tentou-se até projetá-la em nuvens, arte viva, multiplicada e não isolada e sepultada nos museus.[31]

No século das grandes escritas elétricas e colossais que acendem os olhos velozes das

30 Maiakóvski, "Conversa sobre poesia com o fiscal de rendas", in *Maiakóvski: poemas*, op. cit., p. 191-92.
31 Numero unico futurista Campari, 1931. O texto do manifesto aparece em uma versão anterior breve em *La Città Futurista*, n. 2, Turim, maio 1929; em seguida com o título "Manifesto dell'arte pubblicitaria futurista". *Futurismo*, n. 2, Roma, 1932.

multidões noturnas, é absurdo e aviltante que as palavras dos poetas se restrinjam aos livros e jornais e revistas [...]; hoje nos outdoors publicitários as palavras são já palavralivremente dispostas.³²

Rápidos a transformar a ênfase "palavralivre" e dessacralizadora em uma retórica publicitária a serviço dos comerciantes e dos industriais, os futuristas italianos efetivamente enxergaram longe e souberam antecipar as tendências essenciais da publicidade do século xx, acima de tudo, sua velocidade, sua síntese extrema e, portanto, a sua capacidade de permeação, de infiltração.

Um bom manifesto e um bom *insight* só podem sair do cérebro muito moderno de homens novos, todos repletos do mecanismo dinâmico e veloz do nosso tempo, capazes de todas as ousadias mais inesperadas de cor e desenho [...]; é preciso fazer com que os ilustres pintores que dão importância ao dinheiro entendam que a Arte da publicidade tem algumas exigências especiais como simplicidade, genialidade, uma linha de orientação, e que só se forem observadas na criação podem produzir cartazes que fuzilam com a própria metralhadora de palavras a atenção dos passantes mais apressados e preocupados.³³

A comunicação publicitária precisa conquistar espaços que disputam atenção.

A guerra da persuasão e da conquista comercial está destinada ao campo de batalha da atenção coletiva. Na comunicação publicitária, a velocidade agressiva do movimento é essencial. A mensagem publicitária precisa transferir o máximo de conteúdo no menor tempo possível.

32 Escodamè (Michele Leskovic), "Immensificare la poesia". *Futurismo*, ano 2, n. 32, Roma, 1933.

33 Enzo Benedetto, "L'arte della reclame". *L'Impero*, v. 38, Roma, 13 fev. 1937.

Como escreve Khlébnikov:

> Uma poesia tem algo a ver com o voo, no mais breve tempo possível sua linguagem tem que cobrir a maior distância de imagem e pensamento.

A poesia, como extração do rádio, é o laboratório da síntese extrema da qual os publicitários precisam.

UTOPIA E TERROR

A revolução formal produzida pelo futurismo e pela vanguarda se insere de uma maneira autônoma na dinâmica da modernidade, assim como as lutas operárias dos anos seguintes à Primeira Guerra Mundial se inserem de maneira autônoma na dinâmica do desenvolvimento do capitalismo, que, nas décadas posteriores, terá que reestruturar, racionalizar, massificar e automatizar para poder conter a subversão política proletária, a sabotagem, a organização dos conselhos. Durante todo o século XX, a historiografia política, mas também a história da arte, adotou amplamente um ponto de vista dialético, historicista, identificando a revolução operária daqueles anos com a ideologia leninista e bolchevique. Na verdade, se considerarmos sem preconceitos a realidade daqueles anos, poderemos perceber que o leninismo foi um fenômeno contrarrevolucionário, repressivo, militar e totalitário. A chamada revolução comunista foi, na realidade, um fenômeno essencialmente reacionário. Bloqueou a dinâmica política que a organização autônoma dos operários rebeldes tinha desencadeado em todos os países da Europa. Enquanto essa organização autônoma, capilar e participativa tinha colocado em movimento uma dinâmica de conflito que progredia na relação com o capital, a revolução comunista bloqueou essa dinâmica e a substituiu por uma espécie de glaciação autoritária que defendia os interesses da classe militar-burocrata e imobilizava a dinâmica da produção e da sociedade. A vanguarda tinha suscitado uma dinâmica absolutamente aberta, cosmopolita, modernista e libertária. A palavra "comunismo" queria dizer todas essas coisas para os anarcocomunistas futuristas, os *budetliáne*. Quando a contrarrevolução comunista se colocou em movimento, os *budetliáne* foram marginalizados e, pouco a pouco, submetidos a uma disciplina humilhante, à qual alguns se curvaram, outros fugiram emigrando, outros, enfim, deram um tiro na cabeça.

A busca formal inovadora é substituída pela propaganda do regime totalitário. O populismo e o gosto nacional-monumental tomaram o poder, e o experimentalismo, a ironia, o absurdo, o jogo, o refinamento foram expulsos como contrarrevolucionários. A imbecilidade assumiu o comando. O stalinismo se preparava.

> O internacionalismo se manifesta onde floresce a arte nacional. Esquecer-se disso significa perder a direção e a própria identidade, e tornar-se um cosmopolita desenraizado.[34]

Com a afirmação retórica e vazia de um internacionalismo que exalta a arte nacional, Jdánov quer condenar o "cosmopolitismo elitista", próprio da cultura de vanguarda, que o comunismo totalitário e nacionalista da URSS se empenhou em erradicar. Na publicidade, também aconteceu algo semelhante. A dinâmica inovadora da vanguarda foi filtrada, assumida, com

[34] Andrei Jdánov, conferência de fevereiro de 1948 do Comitê Central do PCUS, apud Igor Golomstock, "Arte totalitaria". *Leonardo*, 1990, p. 163.

ação, após ter sido submetida ao culto da identidade nacional-popular, que se traduz na linguagem da mercadoria.

Publicidade e propaganda política têm uma longa história em comum. No pequeno escritório da ROSTA onde Vladímir Maiakóvski passava dias e noites produzindo cartazes publicitários para exaltar os produtos do trabalho socialista e onde se produziam os manifestos gritantes, o proletário varre com sua vassoura os capitalistas com chapéu de estrelas e faixas. E nos laboratórios do futurismo italiano, enquanto Depero preparava os anúncios publicitários do Campari, com as mesmas técnicas e os mesmos estilos que eram produzidos os manifestos que louvavam a revolução fascista, despertavam-se os sentimentos nacionalistas para lançar as guerras coloniais. Trata-se tanto em um caso como no outro de persuasão. A publicidade quer induzir à compra de um produto mais que de outro, e a propaganda quer vender valores ideológicos, inculcar crenças e esperanças.

Modernização e militarização da esfera pública caminham *pari passu*, usando as mesmas técnicas de comunicação. As décadas durante as quais a Europa foi dominada pelos grandes totalitarismos ideológicos são aquelas em que o imaginário é agredido e subjugado com os instrumentos da palavra "trovejante" e da imagem terrificante.

Há uma relação direta entre a utopia e o terror. O terror é o regime linguístico que se estabelece quando a utopia é levada a sério e pretende assumir a forma de realidade. A publicidade, de certo ponto de vista, pode ser reconduzida a um modo de terror moderado, no qual a imposição da mercadoria se traveste de utopia de felicidade. O uso terrorista do signo e da imagem, por meio dos quais os grandes regimes totalitários do século XX modelaram o imaginário social, na publicidade torna-se terrorismo da felicidade, da riqueza, do *fitness*.

Os grandes regimes do totalitarismo político (o nazismo hitlerista, o comunismo stalinista) impuseram o conformismo e a subordinação por meio da proibição e da imposição (você tem que se conformar com a norma, tem que respeitar a vontade do Grande Irmão, tem que perseguir o judeu e o inimigo do povo). A linguagem da propaganda não deixa margens para a ambiguidade. Reduz a relação entre emissor e receptor a uma relação unívoca e ineludível, de clareza incontestável.

O totalitarismo da mercadoria se manifesta, por outro lado, pela colonização penetrante da mente, pela proliferação dos planos de interpretação, pela ocupação dos espaços de atenção, pelo cancelamento das defesas conscientes do indivíduo.

A técnica da persuasão espetacular tem suas raízes na época da Contrarreforma. A *propaganda fides*, a difusão da fé cristã no mundo, a evangelização que abriu caminho para a colonização militar econômica europeia, antes de falar à razão e transmitir os valores ideológicos e doutrinários da religião, seguiram o caminho da conquista do imaginário. E se quisermos reconstruir a gênese do imaginário publicitário da modernidade, e ainda mais aquele da pós-modernidade, é o barroco que temos que buscar. Foi nele que se formaram algumas predisposições estilísticas, linguísticas, políticas, das quais a modernidade extraiu seiva e energia.

> Há na contraposição *aparência-substância* ou *maneira-ser* um aspecto metafísico e moral que é frequente em Gracián e em todos os escritores barrocos [...]. Aparência e maneira são a face de um mundo que para nós é, em todo caso, um mundo fenomênico.[35]

[35] J. A. Maravall, *La cultura del Barroco*. Barcelona: Ariel, 1975, p. 396-97 [ed. bras.: *A cultura do Barroco*, trad. Silvana Garcia. São Paulo: Edusp, 1997, p. 310].

Com o barroco, a esfera fantasmática começa a expandir-se. A fantasmagoria das imagens e a imponente maravilha das arquiteturas são um veículo de potência persuasiva que modela as consciências e disciplina as sociedades. Naquela direção que apontava para a expansão ilimitada e absurda das perspectivas, abriu-se o caminho que levou ao exagero das imagens, ao *overload* semiótico da publicidade pós-moderna.

No século XVII, delineou-se pela primeira vez a ruptura íntima do discurso público, a separação entre a esfera da Verdade fundadora e a esfera da simulação linguística imaginária. Essa ruptura se institucionalizou ao longo do século XX, dando vida a dois regimes distintos do discurso público. É o regime da propaganda política, que exige obediência e fé ou, ao menos, respeito de valores obrigatoriamente compartilhados, e a publicidade comercial, que leva às últimas consequências a aleatoriedade dos referentes, a ambiguidade dos enunciados e o engano irônico das promessas. O fanatismo fundamenta-se sobre uma agressão assertiva que nunca é desassociada da perseguição aos dissidentes.

O discurso público assume o aspecto da propaganda quando pretende falar em nome de uma verdade universal, de um dever comum, de um destino coletivo do qual não é lícito nem possível eximir-se. O panorama se enche então de imagens e de palavras que nos dizem o que somos chamados a ser, isto é, o heroico combatente da Pátria à sombra de bandeiras tremulantes ao vento, o trabalhador em marcha mostra músculos e forcados, foices e martelos. Quem não se adéqua àqueles modelos é degenerado, judeu ou inimigo do povo. De qualquer forma, um dissidente, alguém que não quer falar a linguagem comum, e, portanto, não pode participar da esfera pública, e deve ser marginalizado por isso.

Essa subordinação da linguagem ao conformismo e ao terror certamente não acabou com a queda dos grandes sistemas ideológicos do século XX. A subordinação do discurso público ao poder certamente não acabou com a queda do nazismo e do fascismo (que foram os primeiros a colocar o imaginário a serviço da criação de seus sistemas de governos totalitários) ou com a queda do comunismo, que erigiu um conformismo repressivo em nome da retórica do trabalho.

A publicidade utiliza uma linguagem sem imperativos visíveis, uma linguagem aparentemente tolerante, feita de insinuações e de alusões, mais que ordens peremptórias. Mas seus imperativos não trabalham no nível de formas conscientes do pensamento, trabalham o imaginário e a percepção de si.

A publicidade nunca deixou de ser propaganda, nunca abandonou o exercício despótico da ideologia, nunca deixou de ser lavagem cerebral e submissão da mente a uma ideia (não apenas à mercadoria, mas à ideia da superioridade da mercadoria).

Na época da economia virtualizada de final de século, a integração entre publicidade e produção atingiu seu nível mais alto porque o processo de produção se tornou processo semiótico, produção de signos por meio de signos. A publicidade foi progressivamente incorporada ao próprio corpo da mercadoria, depositou-se na abstração concreta do logotipo, expressão direta da mercadoria e ocupação do espaço imaginário.

Na mensagem publicitária a imposição ideológica se torna indissociável da questão consumista. O mundo das mercadorias, o mundo ao qual vocês desejam ter acesso, e que deseja tê-los em si, contém a imposição da produtividade, do trabalho ininterrupto e flexível. Se vocês quiserem fazer parte desse mundo maquiado e reluzente, se quiserem fazer parte desse mundo *smart* e *cool*, têm que ficar felizes trabalhando ininterruptamente, mesmo em troca de um salário precário e insuficiente, têm que se sentir felizes por serem uma célula de força cognitiva integrada no ciclo ininterrupto da produção de valor.

UTOPIA E PROJETO

Se o futurismo concentra sua atenção formal no movimento e na velocidade, a Bauhaus desloca a atenção para a funcionalidade, a clareza e a síntese formal. A escola Bauhaus se desenvolveu em Weimar entre 1919 e 1925, para depois continuar em Dessau e, enfim, em Berlim. Eram os anos em que a Alemanha estava mais intensamente envolvida nas pesquisas artísticas da vanguarda. Após a derrota e a humilhação da Primeira Guerra Mundial, o país viveu um período frenético de ativismo político e cultural. Da Rússia bolchevique chegava o eco do suprematismo e do construtivismo, para alimentar o gosto gráfico do ativismo político e agitador, mas também o dadaísmo influenciava o clima cultural alemão naqueles anos. Kurt Schwitters, Hans Arp e até mesmo o popularíssimo Georg Grosz estão, em diferentes graus, envolvidos no ativismo negacionista do dadá zuriquense ou parisiense.

Mas o produto mais maduro da vanguarda histórica alemã é o que sintetiza utopia e projeto, declamação subversiva e gosto construtivo. O projeto cultural da Bauhaus desenvolve, de forma positiva, a intenção dadaísta de abolir toda separação entre a arte e a vida cotidiana. Enquanto o dadaísmo e o futurismo tinham desempenhado seu trabalho com estilo provocativo e rebelde, a Bauhaus assume o ponto de vista da funcionalidade e transfere a tensão revolucionária original para um estilo profissional, construtivo. Enquanto na Rússia as várias tendências (o futurismo de Maiakóvski, o suprematismo e o construtivismo de El Lissítski, Tátlin e Ródtchenko) tinham levado suas obras a tratar de trens em alta velocidade e a aglomerações e multidões em tumulto, Gropius quis levar o projeto (utópico?) de um mundo estetizado na esfera da funcionalidade da moradia, da indústria, aos espaços que são habitados cotidianamente. Em seu diário de 1917 ele afirma:

> O mundo material da gravidade, estabilidade no interior do quadrado; o mundo espiritual dos sentimentos, a fluidez do etéreo e a tensão da fluidez dentro do círculo; o mundo intelectual da lógica, da concentração, luz e fogo, no interior do triângulo.

A Bauhaus identifica o campo do design, e o da gráfica, como ponto de encontro entre a arte e a funcionalidade e leva à concretização da revolução formal que se deu ao longo da modernidade no campo da arte tipográfica. Os caracteres tipográficos são repensados em relação à sua funcionalidade específica, à intenção comunicativa, ao suporte e ao uso, e, desse modo, introduz-se um novo nível de expressividade, no próprio ponto de encontro entre a escrita e a arte visual.

As pesquisas de Gropius e de Moholy-Nagy provocam uma reviravolta no trabalho formal até fazer dele uma atividade de modelação da percepção coletiva, um elemento de uniformização industrial da infosfera visual.

Em *Progetto e utopia*, um livro de 1974, Manfredo Tafuri estudou a relação entre a utopia estética, da qual o dadaísmo havia sido o ponto mais alto, e os efeitos de inovação de projetos que se manifestaram no plano concretamente industrial, que a Bauhaus foi capaz de intuir e de sistematizar. Tafuri reconhece que nessa relação entre utopia e inovação se dá a mesma relação que, ao longo de todo o século XX, instaurou-se entre a subversão operária revolucionária e uma contínua reestruturação da indústria, da cidade, de toda a sociedade. A utopia revolucionária seguiu adiante rompendo as regras e explorando possibilidades inauditas. O projeto seguiu traduzindo em inovação razoável o que os utopistas intuíram em seus impulsos desenfreados para diante.

A publicidade se coloca justamente nesse ponto de conexão, entre a imaginação transgressora e libertária e sua recuperação funcional, modelada conforme as dinâmicas da indústria.

O futurismo concebera a semiose visual e gráfica de acordo com os estilemas da conquista militar, do assédio, da incursão veloz, da violência e da vitória. A Bauhaus, por sua vez, propunha aos artistas que se convertessem à arte comedida e ascética do design industrial, da gráfica funcional e geometrizada. Mas, na construção de uma linguagem expressiva completa da comunicação social, há que se considerar um outro estilema mais insinuante e mais leve, que tem movimentos felinos, tons fascinantes e luzes tênues. É o estilema que melhor corresponde ao registro da sedução. Voltemos à aula do simbolismo, verdadeira porta de entrada para a revolução pós-mimética da linguagem do século XX.

O IMPÉRIO SUBLIMINAR

"*De la musique avant toute chose,* [...] *de la musique encore et toujours!*",[36] escreve Paul Verlaine em "Art poétique", um dos textos fundamentais do simbolismo.

A musicalidade simbolista é a busca de um nível profundo de expressão linguística, um nível profundo ao qual não se transfe-

[36] "Antes de tudo, a música [...] música ainda, e eternamente!". "Arte poética", in *Paul Verlaine, o anticrítico*, trad. Augusto de Campos. São Paulo: Companhia das Letras, 1986, p. 147.

rem signos portadores de informação, mas põem-se em círculo corpúsculos verbais ultrassutis capazes de penetrar nos meandros mais escondidos da mente humana, de influenciá-la como fazem os agentes virais que trazem a doença e a mutação.

Abre-se, assim, a questão da potência viral da comunicação publicitária, de sua capacidade de se infiltrar primeiro na esfera sensorial, invadindo, por meio da sensibilidade, o imaginário e, consequentemente, o comportamento. Nessa linha, encontraremos as pesquisas do surrealismo, que trazem à cena da expressão as potencialidades indecifráveis do inconsciente. E encontramos as pesquisas da psicodelia, que age diretamente sobre o funcionamento do cérebro, sobre o processo microfísico da imaginação, suscitando efeitos cognitivos e sensoriais graças à alteração psicoquímica.

O surrealismo é o movimento que abre a perspectiva de alteração direta da mente, a partir de processos não racionais, com resultados nem sempre previsíveis. Ele se propunha a elaborar a própria matéria do imaginário, seguindo pulsões criativas que pertencem à esfera do inconsciente, e que justamente por isso deveriam ser capazes de agir no nível subliminar da consciência humana.

A influência do surrealismo sobre a publicidade não se manifestava diretamente, durante os anos em que André Breton, Louis Aragon, Salvador Dalí ou Max Ernst criaram suas formas alucinadas, porque os artistas desse movimento estavam entre os mais radicalmente contrários a qualquer perspectiva de funcionalidade comunicativa e não quiseram igualar-se às formas de comunicação publicitária. Mas a lição formal do surrealismo permeou mil canais no inconsciente publicitário (se assim podemos dizer) até germinar completamente nos anos 1960, quando se tornou elemento basilar da cultura pop, graças ao encontro com a cultura psicodélica da Califórnia.

Nos anos 1950 e 1960 nos Estados Unidos difundiu-se uma preocupação que teve consequências até no âmbito jurídico. A opinião pública se convenceu (não sem motivo) de que os publicitários tinham a intenção de construir mensagens subliminares para melhor influenciar as escolhas do consumo e os estilos de vida da população. Subliminar é um impulso do signo que está abaixo do nível da percepção consciente (*sub limine*).

Pensou-se que o caráter subliminar da comunicação publicitária se escondia em certas técnicas sutis de exposição da mensagem, por exemplo, na exposição rápida de uma imagem escondida em uma sucessão de imagens, de modo a atingir o subconsciente do espectador, sem dar-lhe tempo de formular uma decodificação consciente da mensagem. Não que tais técnicas subliminares estejam ausentes da prática publicitária. Mas a intervenção legal, que proibiu certas formas de exposição da imagem, não captou de forma alguma a essência do problema.

A essência do problema é que toda publicidade é implicitamente subliminar. Apenas uma concepção ingênua pode levar a pensar que essa linguagem tenha algo a ver com a transmissão de informações racionais a um interlocutor consciente. Que ninguém acredite que a mensagem publicitária seja uma troca de informações entre pessoas atentas, perspicazes e conscientes. A publicidade não tem essa intenção, porque é essencialmente uma batalha pela conquista de um espaço de atenção em um fluxo de tempo existencial absolutamente esquadrinhado, ocupado, empenhado, explorado, espremido, assediado e também devastado. Por isso, as correntes artísticas do século XX tiveram uma função essencial na criação da linguagem publicitária, tendo a coragem de trabalhar diretamente sobre os estados de semiconsciência, em processos alucinatórios, em produções oníricas.

Se o futurismo teve a energia para inaugurar uma poética da palavra "agressiva", que introduz no estilo linguístico da publicidade, o construtivismo da Bauhaus teve a sabedoria de formalizar as regras de uma comunicação amplamente fruível e funcional, as correntes surrealistas e psicodélicas intuíram que será necessário trabalhar, sobretudo, sobre a produção do inconsciente e seus efeitos sobre o comportamento semiconsciente dos destinatários.

A UTOPIA DA MÍDIA E A MÁQUINA DA VERDADE

Vanguarda é uma palavra de origem militar. Tanto o futurismo italiano quanto o russo têm uma conotação militar, e, também no surrealismo francês e espanhol e no dadaísmo francês e alemão, sempre há uma referência militar ou militante. Mas a palavra "vanguarda" indica também o sentido da abertura e da prefiguração de um outro futuro possível no horizonte histórico. Por isso, a noção de vanguarda se liga historicamente à noção de utopia, que tem uma função importante na primeira parte do século que acreditou no futuro. Utopia é um lugar que não existe. Pablo Neruda fala da utopia como um horizonte. Caminhando, vemos o horizonte e seguimos para aquela direção, e, embora o horizonte se distancie à medida que nos aproximamos, ir em direção ao horizonte nos permite caminhar. A utopia é o horizonte.

Mas será verdade que a utopia não se realiza como diz o étimo da palavra? Talvez a história das vanguardas do século xx nos mostre que, na verdade, é o contrário. A utopia se realiza, mas com um signo contrário àquele com o qual ela se formou na vanguarda.

A realização das utopias do século XX teve geralmente a marca do totalitarismo e da violência. A utopia da máquina do futurismo italiano se transformou na modernização alienada do taylorismo fordista, da repetição automática de gestos sem liberdade. A utopia da comunidade vanguardista se transformou na realidade totalitária do fascismo. A utopia do futurismo russo se transformou no totalitarismo violento do comunismo desumano. Até que, no final do século que tinha acreditado no futuro, a utopia perde força e surge uma percepção oposta do iminente, do inexorável, do inevitável, uma percepção distópica.

Em *Progetto e utopia*, Manfredo Tafuri contesta a ideia de que a vanguarda do século XX tenha sido utópica no sentido corrente de não concluída, irrealizável e sonhadora. Ao contrário, Tafuri ressalta os aspectos de figuração e de projeção das imaginações produzidas pela utopia vanguardista.

Apesar da rebeldia das agitações utopistas da vanguarda, o que as experimentações formais e conceituais deixaram por onde passaram foi um resultado inteiramente intrínseco à realização do desenvolvimento do capitalismo.

Pensamos na relação entre a utopia de vanguarda e a história das mídias eletrônicas no século que acreditou no futuro. Há uma proximidade histórica entre a utopia das vanguardas e o processo de formação das mídias modernas, de sua cultura, de sua concepção tecnológica, de sua finalidade.

O futurismo exalta a potência da eletricidade, um meio universal. Da eletricidade ao rádio, ao cinema, até a televisão, o futurismo acompanha a pesquisa tecnológica com suas pesquisas estéticas, linguísticas, de imagens. A proximidade entre os movimentos futuristas e o desenvolvimento das tecnologias da comunicação moderna pode ser verificada no plano das biografias e das poéticas. A utopia da mídia que atravessa toda a experiência do futurismo e todo o século XX prepara o que chamaremos de última utopia, a utopia cibercultural que se manifestou na última parte do século que acreditou no futuro.

Paul Valéry havia previsto que um dia os cidadãos do mundo poderiam receber informações diretamente em suas casas como a água que já podia sair pela torneira. O fluxo universal de comunicação poderia concretizar a ideia abstrata da universalidade do humano. O futurismo italiano fala em "imaginação sem fio".

A imaginação sem fio teceu a rede técnica, cognitiva e sensorial que, ao longo do século, cobriria todo o globo até transformá-lo em uma só mente global, integrada e permeada, como escreve Kevin Kelly em um livro de 1993, intitulado *Out of Control* [Fora de controle]. Os experimentos de composição do pontilhismo francês e, em seguida, do cubo-futurismo europeu anteciparam e acompanharam a técnica do cinema. Khlébnikov e Aleksiéi Krutchônikh exaltavam o rádio como meio do amor universal, da simpatia entre os homens. O cubismo pretendia capturar a dinâmica dos movimentos no espaço estático da tela, por meio da apresentação simultânea de posições diferentes do objeto.

Henri Bergson é o primeiro filósofo a refletir sobre o cinema como forma de conhecimento. Ele intuiu uma relação entre a consciência do tempo e a técnica inventada pelos irmãos Lumière. O cinema nos permitiu compreender como o movimento é a forma do ser no tempo e torna possível uma demonstração técnica do fluxo temporal e da consciência. O cinema nos permite voltar sobre o futuro quando ele é passado. Pela primeira vez na história da evolução humana, graças ao cinema, é possível atuar novamente como presente uma ação que ocorreu no passado, revisitar as condições nas quais pensamos aquele futuro que agora é passado.

"A arte de vocês tem como expressão a velocidade e como meio o cinema." Em 1912, Robert Delaunay, aluno de

Bergson, escreveu aos futuristas. A referência ao cinema é essencial também para entender as técnicas expressivas no plano pictórico, gráfico e mesmo no plano da construção linguística da poesia. Até que, na segunda parte do século, as tecnologias produzem o Grande Irmão, a televisão. A vanguarda tem uma relação ambivalente com a televisão, uma relação de sedução e de demonização. A utopia e a distopia da mídia nascem do imaginário da arte do século XX para projetar-se sobre o futuro da mídia.

Pensando distopicamente no futuro, George Orwell escreveu, em 1948, seu famoso *1984*. O Grande Irmão tecnovisual, a máquina para ver longe, tornou-se depois o fenômeno talvez mais invasivo na metrópole pós-industrial. As telas proliferam saturando o espaço visual da cidade. O sistema televisivo penetra em todos os poros da sensibilidade e a publicidade remodela a percepção de si, a espera do futuro, a esperança e o terror.

O RÁDIO VISIONÁRIO

Em 1921, Vielimir Khlébnikov, fantástico visionário, escreve um artigo sensacional que tem como título "O rádio do futuro".

Nele há de tudo. Uma entusiasmante aventura da comunicação que se difunde no mundo, que une os homens distantes e leva palavras, música e imagens a todos os lugares longínquos da terra, iluminando-os de conhecimento e de esperança.

Mas há nessas palavras, nesses mesmos tons, a antecipação assustadora do controle totalitário, do domínio estatal que suprime toda e qualquer liberdade individual. Há a utopia e a distopia que, indistintas, se disseminam pela tecnologia da comunicação, pelo rádio.

Quando o *Titanic* afundou, de uma salinha de Nova York, David Sarnow, fundador da RCA (Radio American

Corporation), reenviou as notícias vindas de uma estação distante na costa, que recebia os últimos sinais do navio. Alguns anos mais tarde, o próprio Sarnow transmitiu pelas ondas de rádio uma partida de boxe. Depois disso, milhares de pessoas procuraram adquirir os primeiros aparelhos e, assim, teve início a história do rádio. São os anos que antecedem a Primeira Guerra Mundial.

Na Itália, país de Guglielmo Marconi, o futurismo traduziu o espírito da nova mídia com a fórmula "imagem sem fio". Em seguida, veio Khlébnikov, na recém-formada república soviética, após dois anos de comunismo de guerra e o anúncio da nova política econômica (NEP).

Mas Khlébnikov não nos fala da realidade apocalíptica, da crise econômica, da eliminação maciça dos *gulag*. Sua mente iluminada e *naïfe* transita para além das nuvens e vê o futuro da mídia. O rádio se torna, para ele, uma tela gigante a ser colocada no centro de todas as cidades para que as multidões possam receber informações, conselhos, aulas e receitas médicas. Khlébnikov imagina algo que hoje chamamos internet, a conexão de todos os lugares com todos os lugares.

Mas sua imaginação utópica é, ao mesmo tempo, uma imaginação totalitária. A rede de rádio-telas disseminadas por todo o país é uma rede que parte do centro, onde está o Soviete Supremo das ciências que transmite sua palavra e suas imagens a todas as escolas e a todas as vilas.

Khlébnikov imagina algo que hoje chamamos televisão. Seu rádio transmite imagens a cores por um sistema de espelhos que refletem o que está acontecendo em um lugar distante. E em seus vilarejos paupérrimos todos se juntam na praça ao redor da tela do rádio para ver uma mostra de arte que está acontecendo na capital.

O RÁDIO DO FUTURO

[...] A rádio do futuro, a árvore da nossa consciência, unirá toda a humanidade. A principal estação da Rádio, uma fortaleza de aço na qual um véu de fios se entrelaça como chumaços de cabelo, certamente será protegida por um sinal com uma caveira e dois ossos cruzados e com a palavra familiar, "Perigo", uma vez que a menor interrupção das operações da Rádio poderia produzir um *blackout* mental do país inteiro, uma perda temporária de consciência.

O rádio está se tornando o sol da nação, um grande mago e um grande bruxo. Imaginamos a principal estação de rádio: no ar uma teia de aranha de linhas, uma nuvem tempestuosa de flechas que são arremessadas no ar, que se atiram em zigue-zague de um lado para o outro do edifício. Uma bola de luz azul esférica flutua no ar como um pássaro tímido, com tirantes oblíquos dos fios.

Desse ponto sobre o planeta Terra, todo dia, como um voo de pássaros na primavera, parte um grande número de notícias, notícias da vida do espírito.

Nesse vai e vem de pássaros reluzentes, o espírito prevalecerá sobre a força, os bons conselhos prevalecerão sobre as ameaças. [...]

O rádio resolveu um problema que a própria Igreja foi incapaz de resolver. O problema de celebrar a comunhão da alma unitária da sociedade, uma onda espiritual que ocupa e lava todo o país por vinte e quatro horas, saturando-o com um fluxo de notícias científicas e artísticas; esse problema foi resolvido pelo rádio que usa o raio como meio.[37]

[37] Artigo de 1921, extraído de Vielimir Khlébnikov, *The King of Time*, op. cit.

2. QUANDO O FUTURO ACABOU

A IRONIA DADAÍSTA

Não se pode dizer que o dadaísmo tivesse um programa. O futurismo é um movimento fortemente programático; suas intenções são claras, afirmativas, arrogantes. As escolhas estéticas são precisas, os projetos políticos são tão claros que podem ser bradados diante de multidões entusiastas dispostas a passar à ação. A figura retórica predominante no futurismo é, de fato, a hipérbole, uma forma exagerada de afirmação, de exaltação do significado. O signo hiper define o seu significado, elevando a voz, sobrecarregando a intenção comunicativa.

Quando se fala do dadaísmo, é difícil falar de programa, uma vez que sua figura retórica predominante é a ironia. Na ironia, há sempre a consciência da dissociação entre linguagem e realidade. Como figura retórica, a ironia consiste em afirmar negando, em dizer uma coisa para dizer o seu contrário. Mas não é exatamente assim. É e não é assim. Não podemos definir a ironia de maneira tão unívoca e precisa. Defini-la seria pouco irônico. A ironia é a consciência da irredutibilidade da linguagem ao mundo e do mundo à linguagem. Ela sugere que não levemos tão a sério o que dizemos, o que propomos, e, sobretudo, sugere que não assumamos a responsabilidade pelo mundo tal como ele é nem por aquele que nós mesmos fazemos. A ironia é espírito de irresponsabilidade e, portanto, é a dissolução do sentimento de culpa. A ironia nos lembra que a vida não pode ser contada.

"*Love: un-an-al-iz-a-ble*", escreve Ignacy Witkiewicz no romance mais extraordinário escrito por um autor dadaísta, chamado *Insaciabilidade*. Não podemos escrever um livro sobre o futuro do passado, ou sobre o passado do futuro, sem fazer referência a *Insaciabilidade*, de Ignacy Witkiewicz. Trata-se de uma história que se passa na Polônia dos anos 1920 entre cocaína, princesas que seduzem oficiais de cavalaria, pianistas monstruosos e geniais que tocam música infernal, demonismos, langores, ficção política. A Polônia é o único lugar no mundo em que resiste um humanismo individualista, ameaçado pelo comunismo materialista que se espalha pelo Ocidente e pelo comunismo espiritualista que vem da China de Murti-Bing, como uma droga hipnótica, como um Grande Irmão. Um romance de ironia visionária e lúcida, estrambótica prefiguração distópica. Witkacy, como era conhecido, fugiu de Varsóvia quando os nazistas se aproximavam, tentou partir, mas para onde? Com uma amiga, perderam-se nos bosques, cheirando cocaína, chorando e rindo até que decidiram se matar. Como Benjamin no outro extremo da Europa.

A ironia dadaísta nos lembra, como Witkiewicz, que a vida não pode ser contada. O que dizemos dela é apenas uma ponte imaginária sobre o abismo do sentido. O gesto duchampiano consiste em exibir um signo para negar-lhe o significado ou para colocar em suspensão o significado que lhe atribuímos; exibir o caráter artístico daquilo que é banal, mas também o caráter banal do gesto artístico. O dadá rompe com a aura da arte, mas rompe também com a banalidade da vida cotidiana. Irônica banalização do gesto artístico. Irônica *auralização* do objeto de uso cotidiano. Há apenas uma frase programática que podemos atribuir ao dadaísmo. É o grito de Tristan Tzara:

> Abolir a arte
> abolir a vida cotidiana
> abolir a separação entre a arte e a vida cotidiana.

Mas trata-se de um programa vago demais. Fazer da vida uma obra de arte significa fazer da vida cotidiana o lugar em que a aura da arte se expande como força perene e ininterrupta. Mais do que abolir, o dadá põe em suspensão. A ironia é a suspensão do significado. O jogo das relações entre signo, significado e referente define as várias nuances e modalidades da linguagem artística do século XX.

O futurismo é pouco dotado de ironia. Sua retórica heróico-gesticulante geralmente afirma de maneira incontestável, hiperbólica e não discutível. O dadaísmo, por sua vez, atenua. Mais do que afirmar, coloca em suspensão, e cada iluminação particular deve ser considerada uma das tantas possibilidades de sentido. A ironia tem caráter superinclusivo ou talvez até mesmo oni-inclusivo: o signo não contém apenas uma possibilidade de interpretação, mas muitas, talvez infinitas. Dadá não significa nada ou significa tudo. A ironia tende a ampliar o potencial de inclusão significante de todo signo.

O surrealismo, de uma maneira muito diferente, tem uma consciência apurada de uma possível *superinclusividade* semântica dos signos. A relação entre signo e significado é a questão central de toda utopia. Mario Perniola fala a respeito em um livro de juventude de 1971, que se chama *L'alienazione artistica* e pode ser lido como uma introdução às problemáticas do pensamento situacionista, ou seja, o idealismo em sua fase terminal. Perniola fala da separação entre a arte, esfera do significado privado da realidade, e a vida cotidiana, esfera da realidade privada do significado. A economia capitalista, justamente porque separa o valor de uso do valor de troca, reduzindo as coisas a mercadorias, suprime ou remove o significado da ação humana, reduzindo-o a trabalho alienado. O trabalho é a repetição de gestos que não significam nada para quem os realiza, mas permitem ao capital acumular valor.

Diante desse escândalo da alienação, o pensamento humanista se rebela e projeta a utopia da recomposição.

O trabalho se torna então atividade consciente, atividade dotada de sentido. É o núcleo profundo da revolta que atravessa os anos 1960, nos quais a modernidade, tendo atingido a plenitude do desenvolvimento industrial, deveria finalmente manter a sua promessa, a promessa política de igualdade, liberdade e fraternidade, mas, sobretudo, a promessa utópica do sentido, que é recompor a cisão entre trabalho e ação, devolver o sentido aos gestos da vida cotidiana, devolver a realidade ao gesto artístico.

A intenção que animou a revolta dos anos 1960, essa intenção de vida autêntica, na qual o significado se recompõe com a realidade, foi o cumprimento do idealismo moderno que domina a cena filosófica dos anos da *Hegel Renaissance* e do humanismo marxista. A crítica debordiana do espetáculo nasceu daqueles pressupostos. Antes que os movimentos sociais experimentassem a utopia da vida autêntica, suspendendo a obrigação da produção, da disciplina e do recalque, a vanguarda experimentara aquela utopia no plano linguístico e gestual, colocando em cena todo o leque de possibilidades de relação entre signo, significado e referente.

As pesquisas linguísticas estabeleceram o caráter arbitrário e convencional dos signos que usamos na vida cotidiana para comunicar algo em relação ao mundo em que vivemos. Na linguagem da vida cotidiana, todo signo tem uma relação inexata com seu significado. O significado dos signos que usamos é estabelecido intersubjetivamente ao longo de um contrato aleatório ininterrupto que nunca estabelece nada como definitivo.

A convenção relativa aos signos é uma convenção frágil, o sentido de uma palavra muda em relação ao contexto em que a usamos, queremos dizer uma coisa e talvez queiramos dizer também outra. A linguagem científica, ao contrário, é altamente convencional. O significado de todo signo deve ser estabelecido de maneira fortemente codificada. Quando usamos uma palavra em âmbito científico temos que estar de acordo sobre o que ela significa, porque o significado de uma palavra científica não depende nem do contexto nem do humor, mas do conteúdo que estabelecemos convencionalmente. O saber científico funciona apenas quando os signos que usamos para elaborá-lo e para comunicá-lo são estabelecidos de maneira rigorosa.

Há também a palavra poética. Na poesia, as palavras, mesmo mantendo seu estatuto semântico arbitrário e convencional, não são nem arbitrárias nem convencionais; os signos mantêm em aberto todo o trabalho de significação porque a poesia é o laboratório do significado em aberto. A linguagem científica tem que abolir toda margem de ambiguidade da mensagem. A linguagem comum estabelece certo grau de entendimento entre os falantes para tornar unívoco o sentido das palavras pelo menos até o ponto em que se possa fazer um uso partilhado. A palavra "poética" é plurissensual ou polívoca, é abertura à multiplicação de possibilidades interpretativas. A poesia amplia a margem da ambiguidade até o ponto em que o significado perde a definição e a área de interpretação do signo se estende ilimitadamente.

A utopia também propõe algo do gênero: quer ser extensão ilimitada da área de significado dos signos, para que a atividade não seja aprisionada no trabalho abstrato, que reduz o significado à repetição e retira do gesto toda liberdade de escolha. Durante os anos 1960, a aula utópico-irônica do dadaísmo entra em contato com o idealismo filosófico e com a busca de autenticidade, e o futuro parece ao alcance, aliás, presente. Começa então a época do agora, a época em que o presente acontece, ou do presente verdadeiro, a época da utopia que encontrou seu lugar, ou acredita ter encontrado, para sempre. Um filho das flores não pensa no amanhã.

SEJAM REALISTAS, EXIJAM O IMPOSSÍVEL

A realidade é uma das possíveis manifestações do ser, mas não há nenhuma naturalidade tampouco nenhuma necessidade ontológica no modo como as coisas são. Esse é o plano no qual trabalha o surrealismo, que fornece à revolta seu grito mais radical:

Sejam realistas, exijam o impossível.[1]

Não se trata de uma frase incongruente nem, como nos conformamos a acreditar após décadas de empobrecimento da mente coletiva, de uma frase publicitária. Nessa expressão do Maio de 1968 está implícito todo o trabalho de desconstrução da relação entre a Realidade e a Razão que o dadaísmo e o surrealismo haviam desenvolvido nos anos anteriores.

O pensamento moderno fixou a Realidade e a Razão como polos dicotômicos. Não é apenas um efeito do pensamento, mas também um efeito da economia capitalista que separa a vida real da razão, e reduz a razão à não realização. O pensamento dialético concebe a história como cisão e recomposição desses dois polos. Segundo os dialéticos, a razão está mesmo separada da realidade, mas o processo histórico revolucionário está destinado a possibilitar a recomposição desses dois polos por um duplo movimento: a negação racional da realidade presente e a realização da razão dialética. Assim funciona o pensamento idealista que domina a cena filosófica na década da utopia e modela os fundamentos da cena política. Mas no lugar do dualismo Razão--Realidade pode-se ver expandir um rizoma de possibilidades.

[1] *Slogan* do movimento estudantil de Maio de 1968, inscrito nos muros de Paris. [N.E.]

Entre esses dois Moloch que são a Razão e a Realidade, a vanguarda insinuou outra dimensão, a da possibilidade. Possibilidade é a dimensão do futuro, admitindo que o futuro possa escapar das correntes lógicas ou históricas da necessidade dialética. Quando o futuro nos aparece como o inevitável desdobramento das condições determinantes que são implícitas no presente, quando o presente nos aparece como o programa gerador do futuro, não podemos falar de possibilidade, apenas de evoluções necessárias. Os acontecimentos que o programa gerado não prevê segundo seu código constituem o campo (ilimitado e inacessível) da impossibilidade.

As ideologias revolucionárias do século XX, sobretudo o marxismo-leninismo, tinham visto a história como desdobramento de premissas contidas necessariamente na estrutura do mundo presente. A ação dos revolucionários era concebida como a mãe do futuro necessário do qual o tempo presente está grávido.

O dadá ri da necessidade. O gesto dadá não se insere na série geradora definível como História. Não a história, mas as histórias, a multiplicação das derivações, o abandonar-se ao fluxo dos acontecimentos. O delírio. A vanguarda, em sua versão dadá, põe em dúvida a consequencialidade e o determinismo na relação entre presente e futuro. No evento não é a necessidade que fala, é principalmente o inconsciente. E, se não há consequencialidade obrigatória entre presente e futuro, na realidade não está implícita uma única possibilidade, mas muitas. "Ampliar a área do possível" é a mensagem que anima a contracultura e o antiautoritarismo dos anos 1960. Allen Ginsberg diz "Ampliar a área da consciência". Entre as duas frases não há muita diferença.

FUTURO E POSSÍVEL

Também o surrealismo trabalha sobre a questão do possível, sobre a ampliação da esfera do possível. Possível é uma dimensão do devir que não pertence nem lógica nem ontologicamente à evolução previsível da realidade presente. Virtual é, no entanto, a condição que se encontra inscrita com caráter de necessidade lógica no interior de uma configuração presente do ser. Uma configuração do ser contém, de forma virtual, o que se desenvolverá, o que, no momento atual, não vemos, mas que é destinado a se desdobrar, se a realidade não interromper a parábola da instanciação, ato que leva o virtual a se manifestar e a emergir no instante. Virtual é aquele ponto que, mesmo não estando presente na nossa visão atual, se encontra no prolongamento da atual parábola do presente. Virtual e possível, portanto, se distinguem conceitualmente.

No conceito de possível, não está implícita nenhuma necessidade, nenhuma consequencialidade, nenhuma implicação. Possível é uma dimensão do devir que é libertada das formas implícitas no presente, da constituição necessitante do mundo atual, se quisermos que ele surja à luz da realidade. O possível pertence à esfera do pensável, mas o poder se encarrega de impedir seu surgimento à luz do real. Chamamos de poder o sistema de coerção que visa reduzir o real ao necessário e, portanto, eliminar a possibilidade de impor a virtualidade. Utopia é a libertação de um possível que atualmente é impossibilitado de se expressar pela constituição necessitante (mas não necessária) do mundo.

O surrealismo parte do possível para libertá-lo do existente, parte dos estados da consciência para nela reencontrar as condições do possível. O possível surge da relação entre o trabalho do inconsciente e as formas da consciência simbólica. Um freudiano surrealista de nome Jacques Lacan distingue imaginário e simbólico. O simbólico é a dimensão estruturada que atribui força lógica às associações de imagens, enquanto o imaginário é a dimensão não estruturada, não organizada de maneira coerente. O simbólico é a construção que estrutura a linguagem, que a limita tornando-a governável. Ele estrutura, ou pretende estruturar, o surgimento da imagem, da palavra e do sentido dentro de uma gramática. Mas trata-se, na verdade, de uma pretensão pouco fundamentada, que funciona apenas em algumas áreas restritas da ação humana.

Na esfera do imaginário, consciente e inconsciente atuam no mesmo campo. O possível está no centro do inconsciente e requer palavras que permitam aos seus conteúdos aceder à luz da consciência, para emergir no espaço da vida cotidiana. O imaginário é um depósito no qual tudo o que impressiona a retina da nossa consciência se sedimenta e se acumula confusamente, sem pretensão de ordem. Depois vem o simbólico e tenta colocar ordem, e tem a pretensão de ter encontrado a ordem necessária e racional. Mas, no depósito do imaginário, há muito mais do que o simbólico jamais poderá colocar em ordem, muito mais do que a ordem do discurso e do poder puderam ordenar e empacotar simbolicamente.

"*Je est un autre*", havia escrito Arthur Rimbaud em 1871, em "A carta do vidente". E Freud define o inconsciente como a terra estrangeira interior (*Innere Ausland*). A terra estrangeira que carregamos dentro de nós. A terra desconhecida que somos nós mesmos para nós mesmos. Essa é, talvez, a definição que melhor nos permite compreender o significado da expressão inconsciente. Podemos traduzir discursivamente o conteúdo do inconsciente porque ele é o que nos faz agir e que age em nós de tal forma que nos leva a ser o que somos. A atividade de interpretação, na qual se exerce a psicanálise, não é nem pretende ser tradução exaustiva do inconsciente na esfera do discurso, mas, muito pelo contrário, ampliação da esfera da consciência por meio de uma interrogação infinita do inconsciente.

Os surrealistas escreveram poesia conforme as técnicas da escrita automática e da escrita automática coletiva porque pensavam que a poesia era um mecanismo de automanifestação do inconsciente por meio da linguagem, o lugar em que a linguagem fala por si. Stéphane Mallarmé e o simbolismo já haviam pensado isso. Mas o surrealismo liga essa expressão poética do inconsciente a seu projeto político, à sua imaginação do mundo.

Embora o movimento surrealista tenha sido entre os movimentos da vanguarda o mais engajado no plano político e o mais – é preciso dizê-lo – comprometido com o stalinismo, eu diria que, na poética do surrealismo, não havia uma vontade declarativa e revolucionária como nas outras experiências da vanguarda.

Felizmente, os efeitos políticos do surrealismo não são os que descendem da relação com o Partido Comunista francês. As duras polêmicas de Louis Aragon, André Breton e de todos os outros em torno dos dogmas da igreja stalinista ou trotskista, ou deus sabe o quê, não têm muito interesse. Os efeitos políticos do surrealismo estão justamente em ter afirmado a potência transformadora do inconsciente, e em ter apontado no imaginário a força dinâmica, o campo no qual as transformações ocorrem.

Há algo que não podemos ver e, no entanto, vemos. Algo que não podemos dizer e, no entanto, dizemos. Impossível é aquilo que não se vê e que não é visto em razão de uma modelação do imaginário. A certa altura, a área do possível se amplia, a área do pronunciável se amplia, a área do visível se amplia. E dessa ampliação da enunciação surgem o movimento estudantil, o antiautoritarismo, a recusa do trabalho operário, o igualitarismo, a explosão da palavra "irrealista" que se torna imaginário, que se torna vida cotidiana. O surrealismo e o dadaísmo chegam em 1968 através de filtros que percorrem a cultura hippie, o imaginário psicodélico, a *molecularização* dos grupos, e desembocam nas palavras muitas vezes revisitadas por todos os publicitários e bajuladores da *mediascape*: "a imaginação no poder". É a imagem de marca que melhor define a intenção de 1968, como a outra expressão, "sejam realistas, exijam o impossível".

O ano de 1968 reivindica uma extensão do campo do possível. Só isso. A imaginação é a atividade de extensão do campo possível. A imaginação cria concatenações semióticas que não correspondem à combinatória existente da imagem.

A BIFURCAÇÃO DE 1977

A história do século XX poderia ser contada a partir do ponto de vista de suas bifurcações, ou seja, do ponto de vista da alternativa entre máquinas de liberação do desejo e dispositivos de controle sobre o imaginário.

Na história das vanguardas artísticas e dos movimentos revolucionários, aparece continuamente a bifurcação entre imaginação utópica e distopia real. A paixão desestruturante do futurismo italiano coloca-se a serviço da publicidade, dispositivo de controle da imaginação coletiva.

A alegria criativa do futurismo russo coloca-se a serviço do terror bolchevique. O surrealismo alimenta a engenharia da imaginação (*corporated imagineering*). As revoltas igualitárias se transformam em ditaduras de Estado. Os movimentos criativos fornecem força de trabalho ao semiocapital.

Em 1977, Steve Wozniak e Steve Jobs criaram a marca e a filosofia da Apple e, o mais importante, criaram as interfaces que tornaram possível a difusão social da infotecnologia. É o ano em que Alain Minc e Simon Nora escrevem *A informatização da sociedade*, um texto que teoriza a crise iminente do conceito de Estado nacional por causa dos efeitos da telemática. Naquele mesmo ano, Iuri Andrópov, então secretário da KGB, escreveu uma carta a Leonid Brejnev para lhe dizer que, se a URSS não fosse capaz de recuperar seu atraso no terreno das tecnologias informáticas, não sobreviveria por muito tempo. Naquele ano, Jean-François Lyotard escreveu *A condição pós-moderna*. Naquele ano, tem início o final do século XX e, a partir daquele ponto, a modernidade começa a se dissolver.

O que é interessante na experiência italiana daquele ano não é a fumaça dos molotov lançados durante as revoltas, mas a consciência de uma reviravolta na qual a cara feliz da utopia criativa se transforma no desespero da impotência. Em 1977, pela última vez, os corpos se encontraram felizes no espaço da cidade libertada. A cidade estava para desaparecer, engolida pelo *sprawl* [alastramento] metropolitano, pela imensa disposição de dormitórios e de ciberfábricas interconectadas. Na produção cultural daquele ano, podemos ver a premonição de um novo panorama urbano e a primeira rebelião da nova época, a época em que vivemos hoje. A imaginação distópica que se manifestou no plano da massa em 1977 pressentiu uma vertiginosa desterritorização social, uma mutação econômica destinada a destruir o panorama humano das cidades e a subjugar todo fragmento do tempo mental.

No outono de 1977, estreou nas salas de cinema *O ovo da serpente*, um filme surpreendente de Ingmar Bergman, com Liv Ullmann e David Carradine. Ambientada na Alemanha de 1923, denso de premonições para o tempo que estava chegando, Bergman descreve a década de preparação do nazismo como um envenenamento da atmosfera produzido por um gás e por substâncias venenosas emitidas por loucos experimentadores no ambiente em que viviam os protagonistas. O nazismo cresce aos poucos na psiquê obnubilada e aterrorizada dessas vítimas inconscientes de um envenenamento diário em suas casas. O filme de Bergman não era um filme histórico, era um discurso sobre o futuro, sobre nosso futuro de agora. Porque o programa de Hitler, aparentemente recusado em Stalingrado e aparentemente derrotado em 1945, não desapareceu da cena mundial; ao contrário, reaparece no novo milênio com uma força ineludível. A hierarquia étnica e o extermínio dos inadaptados, o trabalho escravo em larga escala, foram apenas experimentações em formas extremas do destino que hoje se apresenta necessário devido aos automatismos econômicos da competição.

O projeto de Hitler atuava no corpo vivo, analógico, piloso, estriado e redondo de uma humanidade capaz de reagir de forma empática ao sofrimento dos outros, capaz ainda de solidariedade, de resistência. Por isso, foi rejeitado. Mas agora o corpo social foi reformatado segundo linhas fractais e passíveis de recombinação que impossibilitam a circulação de um fluxo empático, de modo que torna possível a circulação do infofluxo, substância de valor universal. O corpo digital zumbi, sem pelos, liso, modular, conectivo, não deve oferecer nenhuma resistência à circulação do infovalor e torna-se incapaz de reconhecer-se como corpo difuso, corpo genérico. A generosidade (consciência empática do pertencimento ao gênero) foi suprimida como inútil sentimento antieconômico. Mas sem generosidade os humanos perdem a capacidade de se sentir pertencentes ao mesmo gênero. A hostilidade e a violência se difundem ao longo de cada linha do corpo ressegmentado conectivamente, e desaparece a capacidade de resistir à totalidade anti-humana, o capital.

Em *O ovo da serpente*, Bergman falava de nós, do nosso futuro de então, daquele que hoje, no novo milênio, já é presente. O envenenamento foi trazido cotidianamente às nossas casas por um agente nervoso que tem as formas da televisão, da publicidade, da interminável estimulação infoprodutiva, da mobilização competitiva das energias. O economicismo liberal produziu efeitos de mutação no organismo que são mais profundos do que aqueles produzidos pelo nazismo, porque não atuam sobre as formas superficiais do comportamento, mas sobre o conjunto biológico, cognitivo, sobre a composição química da sociedade.

Naquele ano em que o futuro morreu, foi lançado também um filme de Schlöndorff, Fassbinder, Kluge, entre outros diretores, chamado *Alemanha no outono*, que fala do sentimento do fim de toda cumplicidade entre amigos, de toda solidariedade social, e da entrada em uma época de solidão.

Os embalos de sábado à noite sai nas salas naqueles meses de outono e nos apresenta uma nova raça operária, feliz de se deixar explorar a semana toda, desde que possa encher o cabelo de brilhantina sábado à noite para ser o número um na dança.

No dia 25 de dezembro, morre o homem com o chapéu-coco, Chaplin, que havia exposto a desumanização do industrialismo moderno a partir do ponto de vista de uma humanidade que ainda sabia ser humana. Não há mais lugar para a gentileza.

No Japão, 1977 é o ano dos suicídios de jovens. Foram 784. Provocou enorme comoção a sequência de uma série de suicídios infantis, exatamente treze apenas no mês de outubro, entre crianças das escolas primárias.

O ano de 1977 é o ano da guinada na história da modernidade, o ano em que toma forma a perspectiva pós-

-humana. Nesse ano, mudam de perspectiva e de significado todos os rituais coletivos: a política, a espiritualidade e a música adquirem um sentido apocalíptico que não encontra uma linguagem adequada para se expressar. O momento da última revolta contra a desumanização é também aquele em que a mutação começa a ocorrer.

A geração que vem ao mundo nos anos 1980 está destinada a ser a primeira geração videoeletrônica, a primeira que se forma em um ambiente em que a mídia prevalece sobre o contato com o corpo humano. Nos anos culturais e estéticos, assistimos a um processo de depuração, de *descarnalização*. Começa um longo processo de esterilização cultural do qual a primeira geração videoeletrônica em formação é, ao mesmo tempo, objeto e sujeito. O *clean* substitui o empoeirado, o imberbe toma o lugar do peludo. Ao longo da década posterior, o perigo epidêmico da Aids ressemiotiza todo o campo da corporeidade. O contato carnal se enche de perigo e de eletricidade, se enrijece, congela ou superaquece de maneira patológica. Assim, prepara-se, nas duas últimas décadas do século xx, a mutação cognitiva. O organismo é sensibilizado ao código e, assim, predisposto à conexão, à interface permanente com o universo digital.

Em 1977, houve a repentina tomada de consciência do fato de que a História é história de automatismos irreversíveis. O que o capitalismo escreveu no corpo e na mente humana tornou-se parte do conjunto genético. O capitalismo não é biodegradável. O princípio de prestação, o modelo competitivo e a lei do valor passaram a fazer parte do patrimônio genético humano anulando sua humanidade.

PASOLINI, O ANTIFUTURISTA

Não entendíamos o que Pier Paolo Pasolini nos falava em 1968, a nós, jovens estudantes que ocupávamos a universidade. Por que aquele poeta, cujos filmes *O evangelho segundo São Mateus* e *Teorema* eu tinha visto nos anos de adolescência, não enxergava o futuro radioso que trazíamos ao mundo? Por que não queria enxergá-lo, justamente ele, que tinha a coragem anticonformista que acreditávamos ter (e não tínhamos)?

Quando, em 1968, *L'Espresso* publicou o famoso poema sobre a batalha de Valle Giulia, em que Pasolini toma a defesa do policial contra o estudante contestador filhinho de papai, ficamos sem entender nada e reagimos como se Pasolini estivesse defendendo o Estado que ele odiava contra o movimento do qual havia sido precursor.

Com as categorias de que dispunha na época, rotulei pejorativamente Pasolini como populista, embora me submetesse ao fascínio de sua coragem intelectual e de seu anticonformismo. Em 1974, li as cartas a Gennariello que Pasolini publicou no *Corriere della Sera*. Eram cartas a um mítico garoto da Itália que estava desaparecendo, cartas com as quais o poeta queria salvar a autenticidade de uma alma popular imaginária. Li e achei antipático. Aquele homem taciturno e esquivo me fascinava, mas eu o sentia distante, um juiz severo de uma realidade que, para mim, parecia repleta de possibilidades.

Havia em seus escritos a aspereza de quem se sentia traído pela incidência caótica de fenômenos inovadores no costume, na tecnologia, no imaginário. E havia uma nostalgia de um tempo mitológico, de um passado de integridade imaginária.

A modernidade o irritava. E, sobretudo (isso era o que eu mais reprovava dentro de mim), não queria ver como no interior dos comportamentos sociais insubordinados estava em ação uma mutação heterogênea, diferenciada, aberta a resultados múltiplos e imprevisíveis. Pasolini via surgir um novo fascismo a partir da mutação tecnológica, da mutação antropológica que se delineava com a difusão da televisão e do consumo de massa.

> O fascismo não foi substancialmente capaz nem mesmo de tocar levemente a alma do povo italiano: o novo fascismo, através dos novos meios de comunicação e de informação (especialmente a televisão), não apenas a tocou, mas a dilacerou, violou, maculou para sempre.[2]

A nostalgia humanista de Pasolini tinha muitos elementos em comum com o estilo de pensamento da Escola de Frankfurt (por exemplo, com o estilo da *Dialética do Esclarecimento* [de Max Horkheimer e Theodor Adorno], que, naqueles anos, era um livro muito lido). A perspectiva dessa escola mostrava uma sociedade integrada, dominada pelos modelos de consumo homologados, incapaz de uma reação política e cultural. Mas a minha geração estava vivendo uma experiência muito distinta daquela que os teóricos da integração neocapitalista descreviam, a experiência de um rompimento do conformismo consumista, a fragmentação da homogeneidade social, o surgimento de lutas autônomas dos jovens operários.

Onde os frankfurtianos viam a afirmação de um materialismo homologante, Mario Tronti via a formação de "uma rude raça pagã sem fé, sem ideias, sem ilusões" que conduziria o ataque contra a exploração e, desse modo, revelaria o caráter desumano da mercadorização.

[2] P. P. Pasolini, "Sfida ai dirigenti della televisione". *Corriere della Sera*, 9 dez. 1973.

Tronti contra Marcuse, tais eram minhas coordenadas para orientar-me no pensamento político de então. Uma questão semelhante podia ser notada no debate literário italiano que opunha Pasolini aos escritores da neovanguarda experimental. Nanni Balestrini, Umberto Eco, Elio Pagliarani e Renato Barilli tentavam apreender da inovação social e estética do neocapitalismo uma bifurcação possível a partir da qual parecia que se desenvolveriam processos de libertação.

Em certo sentido, estava sendo reproposta a discussão que algumas décadas antes opusera Walter Benjamin a Theodor Adorno, em que o primeiro buscava nas novas tecnologias de comunicação potencialidades e recursos que o segundo considerava anulados pela massificação. Por isso, naqueles primeiros anos 1970, eu via Pasolini como um nostálgico de uma época passada, um corajoso, estimulante e fascinante reacionário. Eu não havia entendido o essencial.

Comecei a entender o essencial do que Pasolini ensinou só depois de 1977, depois da explosão do movimento que chamávamos então de proletariado jovem. Aquele movimento tinha, em certo sentido, tentado subverter sua visão. Partíamos justamente daquelas formas de vida que Pasolini considerava "fascistas", homologantes, partíamos das formas de vida que outros condenavam como bárbaras, porque naquela barbárie buscávamos introduzir a ironia, a autonomia e a crítica prática. Queríamos relacionar a energia bárbara daquilo que o movimento operário rotulava como subproletariado às lutas autônomas dos operários. Queríamos fazer da literatura um jogo selvagem de liberação da criatividade. Tínhamos reagido ao consumismo com a ideia de reapropriação feliz e irônica das mercadorias, mais do que condená-lo em nome de uma integridade passadista.

Nesse sentido, estávamos no mesmo plano de Pasolini, mas ao seu Gennariello não dizíamos: permaneça antigo se quiser ser humano. Dizíamos: desafie a modernidade para dela extrair novos horizontes de humanidade. Depois, as coisas foram como foram. Nem todas na direção que tínhamos pensado. E, após 1977, minha perspectiva foi, aos poucos, se modificando. Comecei a entender algo que antes havia me escapado e, no entanto, era fundamental: o olhar de Pasolini não era o do crítico político, mas o olhar aprofundado do antropólogo. O que ele entrevia era uma mutação mais longa e profunda do que os movimentos podiam ver. Não quero dizer que ele tivesse razão e nós, não, mas víamos ângulos diferentes do mesmo processo. Pasolini havia entendido previamente que a potência da mutação tecnológica estava destinada a prevalecer nas culturas libertárias e igualitárias que efetivamente constituíam o ponto de chegada de toda a tradição humanista.

Dessa forma, Pasolini havia se colocado fora do tempo, mas infelizmente aquele seu "fora do tempo" significava antes do tempo. Tinha entendido que, diante da incidência da mídia, ocorre algo que diz respeito à percepção humana, a relação entre imaginário e imaginação, e que nessa mutação a política não tem muito a ver, a ação voluntária pode não ser eficaz. Havia pressentido a marginalização da qual o intelectual estava destinado a ser vítima. Havia pressentido muito da época bárbara que, agora sabemos, era o futuro.

Em 2000, por ocasião dos 25 anos da morte de Pasolini, o diretor Guido Chiesa realizou um curta-metragem intitulado *Provini per un massacro* [Testes para um massacre]. Alguns rapazes foram convidados para se apresentar diante da câmera com o intuito de fazer um teste para um filme sobre Pier Paolo Pasolini, e a cada um deles foi perguntado se aceitaria fazer cenas desagradáveis, como comer merda e mostrar-se em atitudes não exatamente dignas. As respostas dos rapazes eram a melhor (a mais desesperadora) confirmação da profecia do escritor. Conformismo, convencionalismo e insegurança se misturavam ao servilismo em relação ao poder (representado pela câmera), com a disponibilidade hipócrita para fazer qualquer coisa tratando-se de trabalho, de televisão, de ganhar um pouco de dinheiro e de aparecer um pouco. O filme de Guido Chiesa (que mereceria entrar no circuito, porque trata-se de uma das coisas mais lindas já feitas em memória de Pasolini) é como um discurso lúcido sobre a primeira geração pós-humana. Mas quem somos nós, homens do século XX, homens do passado, para julgar o imprevisível que virá do pós-humano?

MALDITO PROFETA

Nas civilizações tradicionais, a visão do futuro é maldita. De fato, para os antigos, trágico é o destino dos visionários e dos profetas, daqueles que veem o futuro e, sobretudo, daqueles que o dizem, que o comunicam, bradam aos ouvidos dos contemporâneos, que não querem ouvir. Trágico é o destino de Cassandra, como o de Tirésias. Não se pode ver o futuro, porque sua visão só é permitida aos deuses.

No mundo cristão, a mente devota se dirige à origem, ao ponto distante em que está o início de tudo, a Deus eterno e criador do qual nos distanciamos à medida que o tempo terreno se desenrola. No passado, está a luz. O futuro é o tempo da Queda, do distanciamento crescente, da escuridão que se intensifica. No XX Canto do Inferno, Dante encontra aqueles que são punidos por terem querido ver o futuro, os adivinhos, os profetas, os videntes.

Mira c'ha fatto petto de le spalle;
perché volle veder troppo davante,
*di retro guarda e fa retroso calle.*³

A modernidade subverte completamente essa atitude. O terror do futuro é substituído pela espera, pela esperança, pela certeza de que a acumulação de saber produz progresso. Desde que Francis Bacon declara que conhecimento é poder, desde que a burguesia aposta no retorno de seus investimentos e no aumento do capital, desde que o tempo histórico pode ser descrito como tempo de crescimento econômico e de progresso de civilização, o futuro adquire um tom novo.

O futuro dos modernos tem duas características tranquilizadoras: em primeiro lugar, é conhecível, porque as tendências escritas na história se desenvolvem conforme linhas de crescimento lineares e porque a ciência pode formular as leis de desenvolvimento da história humana, assim como pode compreender as leis do movimento dos planetas. Em segundo lugar, o futuro é modificável pela vontade humana, pela indústria, pela técnica, pelo planejamento econômico e pela ação política e militar. A ênfase no futuro atinge seu ponto máximo com o positivismo, quando a ciência social pensa que é capaz de prever o devir das ações humanas, seus conflitos e suas escolhas. O século XX acredita no futuro porque crê na ciência que prevê e na política que quer, decide e impõe.

Mas o século XX ensinou uma amarga lição aos seus utopistas. Milan Kundera diz que é necessário mudar radicalmente a crença comum sobre o passado e o futuro.

Segundo esta, o passado é imutável e o futuro é o mundo que nossa vontade

3 "Vê como peito e dorso foi trocando;/ porque demais quis ver para adiante:/ pra trás ele olha, e anda recuando.", in *A divina comédia – Inferno*, trad. Italo Eugenio Mauro. São Paulo: Editora 34, 1998, p. 140.

pode mudar. Nada mais enganador. Como um casaco de tafetá, de fato, o passado muda, à medida que, ao nos distanciarmos dele, mudamos a perspectiva. Ao passo que o futuro vem em nossa direção cegamente, impossível conhecê-lo, impossível modificá-lo.

Na segunda parte do século que acreditou no futuro, o imaginário utópico se transformou cada vez mais em distopia, pesadelo da consciência. A literatura de ficção científica é o laboratório central dessa mudança radical. Partindo das origens positivistas do século XIX, autores como Isaac Asimov, Philip José Farmer e tantos outros publicam seus livros a partir dos anos 1940 e 1950, constroem a ideia de um ininterrupto progresso tecnológico e de uma humanidade capaz de estender ilimitadamente seu domínio no espaço e no tempo.

Mas no imaginário da ficção científica do final do século, o futuro desaparece aos poucos e o próprio tempo se aplaina até se tornar um agora que se dilata. O ciberpunk é um ponto de chegada dessa dinâmica de colapso do tempo futuro. Pela primeira vez na história da literatura de ficção científica, o ciberpunk anula o futuro e imagina uma distopia presente, ou melhor, sem tempo.

O profeta se torna novamente uma figura maldita, como nos tempos antigos. A partir de um dado momento, podemos ver os espaços distantes, mas o tempo distante ninguém mais vê. O espaço é estendido ilimitadamente porque entramos no espaço virtual, e o espaço virtual não tem limites, na medida em que é um ponto de fuga, um ponto de encontro entre atores infinitos. Mas o tempo virtual, ao contrário, não existe. Não há um tempo da virtualidade porque o tempo é o vivido. É o vivido que colapsa, é o pânico que se apropria da percepção do tempo.

O futuro é um tema do qual não se fala mais. Não é mais verdade que seja passível de ser conhecido porque descobrimos que as linhas de intersecção entre os agentes históricos são tão complexas que não podemos reduzi-las a alguma lei científica. E quase ninguém acredita que seja modificável pela ação humana. Os chamados grandes do mundo, os líderes dos países que pertencem ao restrito grupo G8, encontraram-se em julho de 2008 em Hokkaido, no Japão. Tinham que examinar questões ligadas às alterações climáticas, seus efeitos sobre o ecossistema do planeta, sobre os sistemas urbanos, sobre a alimentação e sobre a saúde de populações de bilhões de pessoas. Não sabendo o que dizer nem o que fazer, ao final de suas muitas reuniões emitiriam um comunicado, uma resolução que prevê apenas uma coisa: em 2050, as emissões serão reduzidas à metade. Como? Por quê? Graças a quem e a quê?

Nenhuma resposta. Nenhuma ação política foi decidida para se obter esse resultado, nenhum prazo intermediário foi estabelecido. A complexidade do problema supera evidentemente as capacidades de conhecimento e de ação da política mundial. A política não pode mais nada. O futuro foge das mãos e da vista. Tudo foi radicalmente alterado talvez por excesso de velocidade. No futuro, vemos apenas as sombras terríveis de um passado que preferiríamos esquecer.

O MUNDO
COMO PROJEÇÃO

O ciberpunk dos anos 1980 e 1990 catapulta o imaginário na condição de ubiquidade. Desde 1979, Steven Spielberg havia anunciado que o futuro da comunicação consiste na conexão direta dos neurônios de cada indivíduo com ondas eletromagnéticas capazes de influenciar o humor e de produzir imaginações, provenientes de satélites pululantes na infosfera. Nos anos 1980, construiu-se um instrumento para tornar possível essa passagem, e a literatura se inseriu nesse comprimento de onda.

As fitas cassete de *Apparent Sensory Perception* [Percepção sensorial aparente], das quais fala William Gibson em "Burning Chrome", são um instrumento perfeito de simulação. Graças ao *Sendai* de Case, é possível receber aqui, no meu corpo, nas minhas veias, no meu cérebro, o efeito de uma injeção de morfina que você está se aplicando em uma rua poeirenta em Atenas ou nos subúrbios de Mumbai. A teletransmissão da experiência constitui o ponto de chegada das pesquisas que estão sob o nome de *Virtual Reality* ou de *Reality built for two*.

Todo ser humano que dispuser de um equipamento de teletransmissão e de decodificação de realidades virtuais poderá conectar-se em tempo real com um outro organismo que se encontre em qualquer outro lugar do universo e enviar-lhe a própria presença ou a síntese de suas percepções ambientais e proprioceptoras. O universo se tornou um *continuum* ilusório e visionário.

O surrealismo tinha sido o primeiro a entrever a possibilidade de conexão entre as tecnologias e a imaginação visionária, o estado alterado de consciência; os surrealistas foram os primeiros a fotografar o sonho. Quando chamavam a imaginação ao poder, o poder de que estavam falando era o da força de projeção, da potência ilusória, mas real, que modela o campo das expectativas, dos desejos e das projeções. Os movimentos psicodélicos dos anos 1960 desenvolveram essa capacidade visionária com a experimentação de tecnologias nootrópicas. O pensamento psicodélico concebe o mundo como projeção de universos perceptivos. Multiplicação esquizofrênica de mundos imaginados, compartilhamento de mundos projetivos. Mas também a paranoia, terror dos monstros que nascem dos pesadelos da mente coletiva. Mais que futuro no pensamento psicodélico, há um eterno presente proliferante e múltiplo.

Em muitos romances, Philip K. Dick concentra sua imaginação literária em torno desse movimento da mente de suscitar o mundo, um estado de alteração neuroquímica e tecnotrônica. Nele, há uma visão do conflito entre ordem e desordem, entre racionalidade humana e natureza. A racionalidade humana é um exorcismo, um ritual obsessivo, uma tentativa desesperada de manter unido algo que não tem fundamento, porque a origem é apenas um fingimento, um jogo, uma superstição. Philip Dick associa a racionalidade que ordena e identifica com a paranoia.

Seu pensamento gira em torno da questão fundamental: o que é o real? O que pode ser identificado como realidade? E sua resposta é que o real é o produto de um olhar paranoico, de um olhar continuamente ligado, nunca distraído, que permite ao real existir, estar lá, pronto para desaparecer assim que dirigirmos o olhar para outro lado.

> Estamos em uma caverna, como Platão pensava, e estão nos mostrando um filme *funky* que não acaba nunca.[4]

A realidade da época pós-moderna é a projeção sincrônica de vários filmes que se sobrepõem na mente coletiva. E a paranoia mantém unido o mundo, produto de uma conspiração ininterrupta, de uma projeção que irradia fluxos tecnológicos, comunicativos, imaginários. O deus paranoico garante a repetição, a identidade, a constância, a continuidade.

No universo paranoico do monoteísmo religioso e científico, não há espaço para o evento; a singularidade é considerada uma

[4] Paul Williams, *Only Apparently Real: The World of Philip K. Dick*. New York: Harbor House, 1986, p. 72.

mera parvoíce. A tecnologia de simulação cria as condições para uma geração codificada do idêntico. O código suprime do universo o evento porque funciona como uma providência com múltiplos olhos que gera por via algorítmica. O evento só pode ser representado como surpresa. O único futuro possível é o que surge do rompimento da ordem projetiva. Enquanto se mantiver a trama do Real, não há surpresas, apenas a reprodução.

O deus paranoico que domina a civilização tardomoderna é a técnica, que impõe seu domínio na forma de uma máquina geradora e que homologa. O totalitarismo político pretendia anular e submeter as temporalidades singulares com a imposição de um futuro ideológico, hierárquico, linear e finalista. O totalitarismo sem totalidade da integração funcional produz o mundo segundo um princípio de correspondência ao código.

Como pode haver futuro quando tudo já está escrito? A técnica, divindade benéfica da qual o futurismo esperava a beleza, a velocidade, a riqueza e, sobretudo, o futuro, revelou-se uma divindade despótica que anula o futuro, transformando o tempo em repetição, em ilimitada geração de fragmentos idênticos.

No decorrer de um século, a máquina externa do futurismo, a máquina mecânica do futurismo, a máquina mecânica de metal luzente, a máquina visível no espaço da cidade se transformou em uma máquina invisível, interiorizou-se, tornou-se infomáquina, biomáquina, nanomáquina, potência penetrante que se autogera e fagocita o tempo.

"Somos estúpidos, vamos morrer", diz Zora, a replicante de *Blade Runner*, filme que Ridley Scott fez a partir do romance de Philip Dick *Androides sonham com ovelhas elétricas?*. Os replicantes de Philip Dick e de Ridley Scott exercem um fascínio profundo sobre a cultura jovem dos anos 1980 porque são o último impulso de uma revolta conduzida em nome da aventura, da liberdade, enquanto no horizonte está se desenhando um mundo em que todos são apenas organismos sem finalidade, modificados pelas próteses infobiotécnicas. O homem tardomoderno aceitou esse destino porque não vê nenhuma possibilidade de fugir dele. O replicante se debate desesperadamente para reivindicar a autenticidade da própria experiência consciente.

> Vi coisas que vocês não acreditariam. Naves de ataque ardendo no cinturão de Órion. Observei raios gama brilharem na escuridão próxima ao Portão de Tannhäuser. Todos esses momentos se perderão no tempo como lágrimas na chuva.[5]

Os replicantes são aqueles que reivindicam com desespero rebelde a singularidade, a memória que é unicidade experimental. Resistência ao inevitável, conscientemente sem esperança. "Somos estúpidos, vamos morrer." Ser estúpido significa resistir, agarrar-se com raiva e violência à condição de liberdade e de beleza que provém de um passado ainda próximo, o mito da juventude, o mito da comunidade feliz que não se esquece. A cultura punk encontra a dimensão ciber, pela qual está fascinada e, ao mesmo tempo, resiste. A vitalidade se rebela contra o tempo em busca do sentido.

CIBERPUNK

A expressão "*New Age culture*" se refere a um campo de fenômenos imaginários, filosóficos, comportamentais, ideológicos, religiosos, sociais, econômicos e filosóficos que tiveram um desen-

[5] Em *Blade Runner*, fala do replicante Roy Batty para Deckard. [N.R.]

volvimento peculiar nas últimas décadas do século XX e que têm sua origem sobretudo na costa oeste norte-americana. O futuro que os futuristas tinham chamado aos brados finalmente chegou; estamos no mundo realizado da velocidade absoluta e da ubiquidade. Mas aquele futuro não chegou graças à Máquina Externa dos futuristas, não chegou graças à velocidade mecânica com que o futurismo se inebriava. Chegou graças à força imaterial da mente.

O horrível e poluente funcionamento das tecnologias do ferro é seguido pelas tecnologias *soft* e os sistemas de produção imaterial. A velocidade perfeita é imóvel, ubiquidade da mente, calma. Ecologia, autoajuda terapêutica e pensamento holístico são os campos de formação dessa cultura, dominada por um sentimento pós-apocalíptico. O apocalipse ocorreu, mas em outro lugar, ou então deve acontecer, está acontecendo em um espaço-tempo diferente daquele em que nos encontramos. A cultura New Age remove do próprio campo visual o novo sofrimento, a psicopatologia que se difunde no novo sistema de produção e de troca, a catástrofe ecológica que se delineia no horizonte do mundo real. Realização de si, felicidade individual a ser obtida por meio de um recalque sistemático de tudo o que está acontecendo lá fora.

O ciberpunk se coloca no mesmo terreno da cultura New Age, mas reage com uma sensibilidade oposta. Ele não espera o apocalipse, já o adquiriu, acolheu, elaborou, e imagina um mundo no qual não aconteceu nada mais que o desenvolvimento das virtualidades presentes no mundo atual. O ciberpunk fala do desdobramento das potencialidades inscritas nas tecnologias de automação, de simulação. A noção de ciberespaço, que aparece pela primeira vez nos romances de William Gibson, mais que uma imaginação fantástica é uma noção analítica, uma hipótese descritiva da relação entre mente e mundo.

O ciberespaço é uma alucinação experimentada cotidianamente por bilhões de mentes em todo lugar. Uma representação gráfica de dados extraídos do banco de todos os computadores do sistema humano. Linhas de luz organizadas no espaço da mente, *clusters* e constelações de dados.[6]

A origem do ciberpunk está na lição de William Burroughs. Algumas décadas antes de William Gibson, Burroughs já entrelaçava guirlandas terríveis de alteração da mente: ervas alucinógenas, psicotrópicos sintéticos, tecnologias esquizógenas, vírus-palavra. O caráter viral do signo portador de significado é a intuição fundamental da obra de Burroughs. As técnicas literárias burroughsianas se baseiam na montagem de dispositivos que agem como vírus, por replicação, interferência, invasão e mutação. A palavra é uma maldição que o homem leva consigo, uma doença contagiosa, e as tecnologias, complicações da linguagem, são uma prótese que difunde ilimitadamente a doença, até substituir completamente o corpo sadio no mundo.

Depois de Burroughs, a narração não é mais entendida como sucessão de eventos que se desenvolvem todos no mesmo plano de realidade. Há muito tempo, na história da literatura do século XX, a linguagem aspirava a sair de sua função referencial, para inventar um mundo próprio, e evocá-lo. Mas o ciberpunk pode finalmente fazer isso conforme os procedimentos de composição que são próprios da máquina de linguagem. A máquina informática produz signos por associação da máquina, convencional e geradora. O código tornou-se segunda natureza, e aí circulamos entre signos codificados como se fossem árvores, torres, rostos de pessoas desconhecidas.

[6] William Gibson, entrevista à revista *Interview*, número especial "Futuro", 1989.

FUTURO ALEATÓRIO

A utopia demora a morrer no século que acreditou no futuro, e sua última manifestação é a utopia virtual, que floresce viçosa e colorida na última década do século XX. A utopia virtual nasce no ponto de divergência e depois de convergência entre a rede – o espaço comum de compartilhamento social e cognitivo – e o sistema integrado do capital global. O salto tecnológico do capitalismo foi possível por dois fatores: a desregulamentação da economia e a construção da internet. Mas os dois processos não são assimiláveis, aproximam-se, distanciam-se, entram em conflito, integram-se, parasitam-se mutuamente.

O contexto em que floresce a utopia virtual é o das tecnologias digitais, que transformam a produção e a comunicação nas últimas décadas do século que ainda quer acreditar no futuro. Nesse contexto, atua a *cyberculture*, utopia libertária que descende das culturas psicodélicas e do espírito anárquico do capitalismo de fronteira norte-americano. Nesse contexto dos anos 1990, age a *net-culture*, a prática reflexiva da rede, a *net-art*, prática de experimentação de modelos concatenacionais. O quadro econômico no qual essa utopia pode se realizar é a desregulamentação econômica imposta pelo neoliberalismo a partir do final da década de 1960.

A violação das regras foi uma ação antecipada pelas vanguardas. Violar as regras que aprisionam o mundo no passado para que o futuro possa se libertar. Mas, após os anos 1970, *deregulation* é a palavra de ordem da revolução capitalista que destrói o estado social e a composição industrial da classe operária. Depois de ter usado a forma do Estado para impor seu domínio sobre a sociedade na época totalitária da Máquina Externa e da velocidade mecânica, o capitalismo decidiu desvencilhar-se da mediação estatal, quando as técnicas de recombinação e a velocidade absoluta da eletrônica lhe permitiram interiorizar o controle.

No século XX, o equilíbrio do capitalismo industrial se baseava no determinismo da relação entre tempo de trabalho e valor. Na base objetiva do tempo de trabalho médio, era possível explicar as oscilações dos preços, dos salários, dos lucros. Com a introdução das tecnologias microeletrônicas e a consequente mentalização do trabalho produtivo, as relações entre as diferentes grandezas e as diferentes forças produtivas entraram em um regime de indeterminação.

Em 1971, a decisão do presidente estadunidense Richard Nixon de desvincular o dólar do ouro e, desse modo, eliminar a regra da conversibilidade revestiu o capitalismo americano de um caráter absolutista na economia global, retirando-o do quadro constitucional estabelecido em Bretton Woods em 1944.

A partir daquele momento, a economia norte-americana não precisou mais prestar contas às "leis da economia" (admitindo que algo do gênero tenha existido) porque se sustenta unicamente sobre a força. O déficit americano pode crescer indefinidamente porque o devedor é militarmente mais forte que os credores. Os Estados Unidos fazem com que o resto do mundo pague pelo fortalecimento de sua máquina de guerra e a usam para ameaçar o resto do mundo, obrigando-o a pagar. Em *A troca simbólica e a morte*, de 1976, Jean Baudrillard intui as linhas gerais da evolução do final do milênio.

> O princípio de realidade coincidiu com um estado determinado da lei do valor. Todo o sistema precipita na indeterminação, toda a realidade é absorvida pela hiper-realidade do código da simulação. É um princípio de simulação o que nos governa no lugar

do antigo princípio de realidade. As finalidades desapareceram: são modelos que nos geram. Não há mais ideologia, há apenas simulacros.[7]

Todo o sistema precipita-se na indeterminação, a partir do momento em que a correspondência entre signo e referente, entre a simulação e um evento, entre o valor e o tempo de trabalho não é mais garantida. A crise do referente abala, ao mesmo tempo, as perspectivas da teoria semiológica e as da teoria econômica. O signo não encontra mais seu fundamento na garantia objetiva de um referente, mas na arquitetura relacional do contexto. O paradigma referencial se desintegra porque os signos se revelam simulações sem relação com nenhum protótipo; são jogos de signos sem nenhum fundamento ontológico.

O capital não é mais da ordem da economia política: se serve da economia política como modelo de simulação.[8]

A decisão que sanciona o fim da conversibilidade do dólar inaugura um regime de aleatoriedade dos valores flutuantes. A regra da conversibilidade é destituída com um ato de vontade política. Mas sua eficácia depende do fato de que contemporaneamente, naqueles anos 1970, começava a se desintegrar todo o sistema técnico-organizacional regido pelo paradigma mecânico.

Toda a estratégia do sistema está nessa hiper--realidade dos valores flutuantes.[9]

Como se estabelece o valor dentro do regime de aleatoriedade dos valores flu-

[7] Jean Baudrillard, *Lo scambio simbolico e la morte*. Milão: Feltrinelli, 2007, p. 12 [ed. bras.: *A troca simbólica e a morte*, trad. Maria Stela Gonçalves e Adail Sobral. Rio de Janeiro: Loyola, 1996].
[8] Id., ibid.
[9] Id., ibid., p. 13.

tuantes? O valor é estabelecido com a violência, com a fraude, com a mentira. A força bruta é legitimada como única fonte eficaz da lei. O regime da aleatoriedade dos valores flutuantes coincide com o domínio do cinismo no discurso público, no espírito coletivo, no clima psíquico da sociedade.

A essa altura, muda a percepção comum do futuro. Na época moderna, o futuro tinha duas características tranquilizadoras, como dissemos: em alguma medida, podia-se conhecer suas linhas de tendência e prever a evolução. Em alguma medida, podia-se influenciá-lo. Mas, se os movimentos das finanças, da economia e da produção estão desconectados de qualquer elemento quantificável, de uma massa mais ou menos compacta e passível de avaliação de tempo de trabalho, então não é mais possível qualquer previsão, qualquer conhecimento confiável. E muito menos é possível acreditar na eficácia da ação humana.

Dissemos que todo o sistema se precipita na indeterminação porque não há mais garantia de correspondência entre um signo e um referente, entre uma simulação e um evento, entre o valor e o tempo de trabalho. Mas não era esse também o programa da vanguarda? Não é talvez a ruptura da relação entre o signo e o referente o programa da arte experimental?

Não quero dizer com isso que está na vanguarda a origem da desregulamentação econômica liberal. O que quero dizer é que a utopia anarquista da vanguarda se realiza e se transforma em seu contrário quando a sociedade internaliza a regra em formas tecnológicas. Nesse ponto, o capital pode renunciar à regra jurídica, à racionalidade política e se deixar conduzir pela aparente anarquia dos automatismos internalizados da biopolítica, da psicomunicação, da neuroprogramação. É a forma do poder que vem a seguir.

Quando a disciplina industrial se dissolve, os indivíduos se encontram numa condição de aparente liberdade.

Nenhuma lei os obriga a se submeter às obrigações e à dependência. Mas àquela altura as obrigações foram introjetadas, e o controle social se exerce pela voluntária mas inevitável submissão a uma rede de automatismos.

Dentro do regime de aleatoriedade dos valores flutuantes, a precariedade se torna forma geral da relação social, agindo nas profundidades da composição social, sobre as formas psíquicas, relacionais, linguísticas da nova geração que surge no mercado do trabalho. A precariedade não é um elemento particular da relação produtiva, mas o núcleo negro do processo de produção. Um fluxo contínuo de infotrabalho fractalizado passível de recombinação circula na rede global como fator de valorização universal, mas seu valor não é determinável.

Conectividade e precariedade são os dois lados da mesma moeda. O fluxo de semioprodução captura e conecta fragmentos celulares de tempo despersonalizado. O capital compra fractais de tempo humano e os recombina na rede. Do ponto de vista da valorização do capital, o fluxo é contínuo e encontra sua unidade no objeto produzido, mas, do ponto de vista dos trabalhadores cognitivos, a prestação de trabalho é de caráter fragmentário: fractais de tempo, células pulsantes de trabalho se acendem e apagam no grande quadro de controle da produção global.

A distribuição de tempo-trabalho pode, assim, ser desconectada da pessoa física e jurídica do trabalhador. O tempo de trabalho social se torna um oceano de células de valor que podem ser convocadas e recombinadas conforme as exigências do capital.

O que quer dizer "futuro" a essa altura? Na época moderna, os indivíduos puderam construir uma biografia para si mesmos, ter lembranças pessoais, imaginações próprias. Homens e mulheres eram força-trabalho à disposição da máquina produtiva, mas eram também pessoas com seu corpo, com sua memória pessoal e de grupo. Agora, o tempo de vida se apresenta como um mosaico de fragmentos celularizados, células de tempo a serem emprestadas à rede. O que resta da singularidade de percursos biográficos individuais?

CIBERTEMPO

Nos anos 1950 e 1960, o imaginário de ficção científica e futurológico era dominado pela ideia de expansão espacial. A conquista do espaço extraterrestre era considerada a direção de desenvolvimento de um futuro imaginável. Quando, em 1969, Neil Armstrong pisou na Lua, o futuro utópico se tornava realidade presente para todos os telespectadores da Terra.

Em seguida, por motivos variados, aquela direção de desenvolvimento se interrompeu ou desacelerou e, atualmente, a direção de expansão e de desenvolvimento parece ser a conquista do espaço interno, do mundo interior, o espaço da mente, da alma: o espaço temporal.

A colonização do tempo foi um objetivo fundamental da economia capitalista durante a era moderna: a mutação antropológica que o capitalismo produziu na mente humana e na vida cotidiana foi, sobretudo, transformação da percepção do tempo. Mas a colonização do tempo dá um salto quando se entra na dimensão do ciberespaço.

Ciberespaço é a esfera de interação de várias fontes humanas e mecânicas de enunciação, a esfera da conexão entre mentes e máquinas; essa esfera está em expansão virtualmente ilimitada, pode crescer indefinidamente, porque é o ponto de intersecção do corpo orgânico com o corpo inorgânico da máquina eletrônica. Mas o mesmo não se pode dizer do cibertempo.

O cibertempo é o lado orgânico do processo, o tempo necessário para que o cérebro humano possa elaborar a massa de dados informativos e de estímulos emocionais provenientes do ciberespaço. O cibertempo não é ilimitadamente expansível porque a sua expansão é limitada por fatores orgânicos, culturais, emocionais e históricos. Pode-se expandir a capacidade de elaboração do cérebro com drogas, com o adestramento e a atenção e com a ampliação das capacidades intelectuais, mas o cérebro orgânico tem limites que estão relacionados à dimensão emocional e sensível do sistema consciente. O cibertempo não é ilimitadamente extensível porque está relacionado à intensidade da experiência que o organismo consciente dedica a elaborar informações que provêm do ciberespaço.

A esfera objetiva do ciberespaço se expande à velocidade da replicação digital, mas o núcleo subjetivo do cibertempo evolui com um ritmo lento, o ritmo da corporeidade, do gozo e do sofrimento. O futuro aparece ocupado nessa contração cibertemporal. Oprimido pela saturação da atenção, o presente é tão denso que o cérebro não pode se separar dele, não pode projetar sua experiência para fora do momento presente. Para projetar a profundidade temporal, a mente precisa dispor os objetos mentais em perspectiva, elaborar sua relação, a sucessão, a potencialidade. A saturação do cérebro social pelos estímulos informativos tende a impedir isso. O futuro torna-se inimaginável.

O véu da infosfera se torna cada vez mais denso, e o estímulo informativo invade cada átomo da atenção social. O tempo mental não é infinito nem passível de expansão ilimitada. O agente físico e existencial do cibertempo, a mente individual, elabora os sinais com o ritmo lento da matéria orgânica. Podemos aumentar o tempo de exposição do organismo às informações, podemos ficar mais tempo diante da tela do computador ou acelerar os tempos de reação aos estímulos provenientes do universo da hipermídia. Mas a experiência não pode ser intensificada além de certo limite. Pois, além de certo limite, a aceleração da experiência provoca uma redução da consciência do estímulo, uma perda de intensidade que concerne à esfera da estética, da sensibilidade e também da ética.

Arthur Kroker escreve, em *Data Trash:* "Mais informação, menos significado".[10]

Para acelerar e fluidificar a circulação econômica das informações, é preciso remover das vias de informação toda ambiguidade, porque a ambiguidade diminui o ritmo da troca de informação. Mas não há significado sem ambiguidade. Do mesmo modo, podemos dizer: mais informação, menos futuro, porque o futuro não é nada sem ambiguidade.

[10] Arthur Kroker & Michael A. Weisntein, *Data Trash: The Theory of the Virtual Class.* New York: St. Martin's Press, 1994.

ized hot cocoa
3.
A ÚLTIMA UTOPIA

VISÕES DA REDE

Nas duas últimas décadas do século que acreditou no futuro, uma nova utopia tomou forma e produziu seu mundo. Seu pressuposto estava na transformação tecnológica que tomara conta do sistema de comunicação e de produção, mas também da política e da sensibilidade estética a partir dos anos 1980. Era a utopia da rede, espaço virtual no qual se entrelaçam as trajetórias de inúmeros agentes de enunciação.

A utopia é o lugar que não existe e, de forma semelhante, define-se como virtual um lugar que não tem existência física. A utopia virtual é, portanto, duplamente imaterial, coloca-se em um espaço duas vezes diferente da existência física. No entanto, de todas as utopias do século XX, a utopia virtual é a que produziu efeitos reais mais consistentes, para depois revelar-se uma porta de acesso à distopia definitiva, a distopia da morte do humano ou, mais que isso, a distopia da submissão do humano a uma cadeia de automatismos técnicos.

A rede existe apenas no espaço mental compartilhado pelos usuários que a produzem. Esse não território é o causador da desterritorialização universal. Mas, como afirmaram Deleuze e Guattari, todo movimento de desterritorialização põe em ação tendências em direção à reterritorialização. De fato, a década em que se constituiu a rede assistiu ao desdobramento da globalização dos processos de produção e de troca, mas também ao surgimento de um movimento perigoso de retorno ao arcaísmo agressivo das identidades nacionais, étnicas e religiosas.

A constituição da rede implicou um imenso trabalho de projeção técnica, de programação e de engenharia, mas também um vasto processo de criação artística e de inovação filosófica. No âmbito da cibercultura, desde o início dos anos

1980, são imaginadas, discutidas e propostas várias visões da rede. Visões contrastantes, posteriormente confrontadas com a história real da internet, e integradas ao processo contraditório que constitui a rede em suas várias formas.

O processo de constituição da rede não é passível de definição nem está sujeito a qualquer tipo de domínio majoritário, porque a rede é um espaço infinito, e no infinito não há maioria. Por isso, as várias visões da rede acompanham o movimento de constituição da esfera social, cultural e tecnológica da internet, sem nunca se anularem, apagarem ou superarem. As visões da rede, as perspectivas que partem de diversos olhares se sobrepõem, acumulam-se, entrelaçam-se. A rede é justamente o lugar em que suas diversas representações evoluem juntas.

A história da internet e das culturas e teorias que acompanharam seu surgimento e desenvolvimento é contada de forma apaixonante por Carlo Formenti, que escreveu três livros com intervalos de alguns anos entre um e outro para reconstruir a utopia, a realização e, enfim, a desilusão de quem tinha acreditado que a rede fosse um novo mundo, livre de vínculos e das misérias que oprimem o mundo que conhecemos desde sempre. O primeiro de seus livros foi publicado em 2000 com o título *Incantati dalla rete* [Encantados pela rede]. Nele, Formenti reconstrói a formação da mitologia cultural que tinha precedido e sido contraponto ao processo de construção tecnológica e social da rede e o faz com a declaração de uma adesão ao valor progressista desses mitos. Ao final de seu livro, Formenti escreve:

> Certamente não me iludo com o fato de que esse trabalho possa contribuir para desmitificar a rede. Sobretudo porque esse não era absolutamente o objetivo que eu pretendia alcançar. De fato, estou convencido de que viver e pensar o nosso tempo signi-

fica viver e pensar dentro e com esse mito. No entanto, o *como* não é indiferente. Vivê-lo com consciência irônica e distanciamento crítico não é a mesma coisa que se deixar ofuscar pela sua luminosidade.[1]

O segundo livro da trilogia saiu em 2002 com o título *Mercanti di futuro* [Comerciantes do futuro]. O tom mudara. O primeiro refletia a conjuntura social dos anos 1990 e a aliança que havia ocorrido na década das *dotcom* entre o capital financeiro e o trabalho cognitivo recombinante, entre grupos econômicos dispostos a investir na inovação e nos cérebros dedicados à inovação. Já o segundo livro refletia a mudança dramática do clima político e humano que se seguiu à virada do século e à crise financeira de abril de 2000, com a explosão do terrorismo e da guerra. Os mercadores de futuro aos quais o título se refere são evidentemente os grandes grupos financeiros que, depois de terem favorecido inicialmente o desenvolvimento livre da rede, permitindo que o trabalho de milhões de pessoas se desenvolvesse em condições de colaboração e liberdade, passaram a pôr em ação estratégias de cerceamento e controle que têm como finalidade a submissão da rede às exigências da economia de lucro e, como consequência imediata, a progressiva comercialização e homologação dos espaços de comunicação.

A contrarrevolução política de Bush somou-se aos efeitos econômicos da recessão, atingindo a raiz de três pilares da utopia: 1) reforçou o monopólio dos proprietários dos padrões contra as comunidades fundadas em padrões abertos; 2) criminalizou a troca livre de ideias, informações, experiências e conhecimentos; 3) instaurou um regime de controle policial sobre a rede que, além

1 C. Formenti, *Incantati dalla rete*. Milão: Raffaello Cortina, 2000, p. 280.

de atingir o *free speech* e a *privacy*, reduziu fortemente o potencial econômico das comunidades virtuais.[2]

Por outro lado, e esse é o aspecto mais profundo da mutação que a rede sofreu na virada do século,

a nova produção capitalista não é mais produção de mercadorias para o corpo e para a mente, mas produção direta de corpo e mente, assim como a economia é cada vez mais investimento direto de energia desejante.[3]

Nesse ponto, Formenti introduz o tema do aspecto biopolítico da nova produção e, também, das novas formas de poder político e econômico. Esse é o pressuposto para o terceiro livro da trilogia, que se intitula *Cybersoviet*, e traz o eloquente subtítulo *Utopie postdemocratiche e nuovi media* [Utopias pós-democráticas e novas mídias].

A rede, argumenta Formenti, foi uma formidável ocasião para a elaboração utópica, estimulando a imaginação política e social e abrindo possibilidades impensáveis de concatenação e riqueza. Mas a ideia de que na rede a democracia encontrasse finalmente seu ambiente ideal, de onde irradiar-se em direção ao mundo real, pouco a pouco confrontou-se com a realidade do mundo territorial no qual a dimensão virtual também corre o risco de ser dominada pelos interesses econômicos e militares.

Os profetas ingênuos da ciberdemocracia continuam a pensar com base em modelos teóricos de gráficos casuísticos, que, prevendo a ativação de ligações interpessoais ao acaso, levantam hipóteses sobre a existência de uma comunidade horizontal, na qual todos têm as mesmas oportuni-

2 Id., *Mercanti di futuro: utopia e crise della Net Economy*. Turim: Einaudi, 2002, p. 212.
3 Id., ibid., p. 235.

dades de fazer com que suas próprias opiniões sejam levadas em conta. Mas se a internet é uma rede governada por leis de potência, a verdadeira pergunta que temos que nos fazer não é se hoje finalmente cada um de nós é capaz de publicar as suas opiniões, mas, sim, se depois de publicá-las haverá alguém para lê-las.[4]

Essas e outras aporias da ciberdemocracia tornaram cada vez mais frágil a consistência utópica da rede, até provocar uma inversão da imaginação utópica para a imaginação distópica. Mas tentemos reconstruir o traçado conceitual e histórico da utopia reticular e de sua face obscura.

RIZOMA

Alguns conceitos criados por Gilles Deleuze e Félix Guattari permitiram à rede ser reconhecida, imaginada e pensada como algo concreto, passível de ser configurado. O rizoma é o modelo conceitual que melhor define a rede. "Rizoma" é o título da introdução do livro *Mil platôs*:

> Um rizoma não começa nem conclui, ele se encontra sempre no meio, entre as coisas, inter-ser, *intermezzo*. A árvore é filiação, mas o rizoma é aliança, unicamente aliança. A árvore impõe o verbo "ser", mas o rizoma tem como tecido a conjunção "e... e... e...".
> Há nesta conjunção força suficiente para sacudir e desenraizar o verbo ser. [...] instaurar uma lógica do E, reverter a ontologia, destituir o fundamento, anular fim e começo.[5]

[4] Id., *Cybersoviet: utopie postdemocratiche e nuovi media*. Milão: Raffaello Cortina, 2008, p. 245.
[5] G. Deleuze, F. Guattari, *Mil platôs: capitalismo e esquizofrenia*, trad. Aurélio Guerra Neto e Celia Pinto Costa. São Paulo: Editora 34, 1995, p. 37.

O princípio filosófico do rizoma acompanha o abandono de toda ontologia. Não mais o ser, mas o tornar-se; não mais a filiação, mas a proliferação; não mais a oposição, mas a conjunção. O conceito de rizoma antecipa o processo que ocorre socialmente quando as articulações sociais e tecnológicas da telemática de rede entram concretamente em funcionamento. Rizoma é um modelo relacional no qual cada agente comunicativo pode entrar em relação com qualquer outro agente comunicativo sem passar por um centro e sem se submeter a qualquer tipo de hierarquia na distribuição da informação.

Na história da comunicação do século XX e, sobretudo, nas décadas em que a televisão foi se afirmando como meio central do panorama comunicativo, o modelo dominante era essencialmente cêntrico. Nesse momento, Félix Guattari começava a falar de sociedade pós-midiática. Ele intuía algo à frente de seu tempo, intuía uma sociedade capaz de substituir as mídias molares de tipo cêntrico por mídias moleculares de tipo reticular. Guattari se referia às primeiras manifestações do princípio de rede: o movimento das rádios livres, depois as experiências de comunidades telemáticas que, ao longo dos anos 1980, floresceram em ambientes eletrônicos como a Well californiana ou como as BBS que, na segunda metade dos anos 1980, difundiram-se não só nos Estados Unidos.

Rizoma é um ponto de conexão entre a filosofia moderna e aquela que podemos chamar de ciberfilosofia. Deleuze e Guattari dialogam com todo o pensamento filosófico ocidental, com a metafísica e com a própria dialética histórica, ou seja, a tradição do pensamento baseado na ideia da árvore como uma estrutura simétrica. O *rizoma*, ao contrário da árvore, é uma estrutura que se desenvolve subterraneamente e tem a característica de não funcionar de forma simétrica, mas sim acêntrica, não hierárquica e que prolifera. A palavra "proliferação", que vem da biologia e da botânica, retorna com insistência na linguagem de Guattari. No estilo meio científico meio literário dos autores de *Mil platôs*, a palavra "proliferação" alude justamente a uma germinação sem regra das formas de vida, a uma reprodução não previsível e, portanto, a uma forma de difusão da mensagem que não obedece a nenhuma simetria e a nenhum centro.

Rizoma é um livrinho de poucas páginas, no qual Deleuze e Guattari elaboraram um princípio de funcionamento semiótico capaz de substituir o modelo que domina a história do pensamento ocidental baseada em um modelo simétrico e disjuntivo por um modelo proliferante e conjuntivo ou, mais exatamente, conectivo. A mente filosófica ocidental habituou-se desde sempre a raciocinar conforme um critério de oposição, de alternativa e de escolha: "ou-ou", "ou isso ou aquilo".

A esse funcionamento disjuntivo Deleuze e Guattari contrapõem o método de "e-e", ou melhor, de um "e-e-e-e", uma logística da conjunção, da junção casual. O mundo, dizem-nos Deleuze e Guattari, funciona dessa forma, não por alternativas, por exclusões, mas por proliferações, agregações e recomposições. Pois bem, o que é a rede telemática se não um universo que prolifera e no qual o que domina é a concatenação, a conexão e nunca a disjunção opositora?

Podemos ver a rede como uma espécie de esfera de planos múltiplos, uma esfera na qual gira uma série infinita de planos que certamente podem se sobrepor, mas que nunca serão excludentes. Uma esfera na qual não vale o princípio aristotélico da não contradição e, menos ainda, o princípio dialético da oposição e da exclusão, mas sobretudo o princípio da adjacência infinita.

O pensamento científico moderno se baseou na hipótese newtoniana da impenetrabilidade dos corpos. Onde está uma extensão física não pode haver outro corpo estendido no espaço. Na esfera da rede, esse princípio não se aplica, porque a rede é o lugar de encontro tendencialmente ilimitado entre agentes de comunicação que não passam o fluxo de suas comunicações por um centro regulador; é um lugar potencialmente infinito, ou seja, um lugar em que nenhum corpo encontra-se estendido no espaço de tal forma que possa retirar a possibilidade de expressão e de expansão de outro corpo estendido.

A ideia de que o mundo funciona como um rizoma, e não como uma árvore, confunde a visão histórica que prevaleceu na época moderna. Haveria realmente um antes e um depois, haveria realmente uma sucessão linear de presente e de futuro? Ou melhor, os passados ressurgem e os futuros desaparecem completamente para reaparecerem de forma imprevisível onde você menos esperava? Após a crise política de 1989, após o fim do socialismo totalitário, a imaginação do futuro se desfez, outros futuros apareceram, mas muitas vezes tinham a cara de um passado arcaico.

PODER E SIMPLIFICAÇÃO

A criação da World Wide Web por Tim Berners-Lee e outros pesquisadores significou um avanço extraordinário no plano da criação da rede porque possibilitou um mapeamento reconhecível e permitiu um acesso ao conteúdo de seus nós.

Por um longo período, antes da formação da World Wide Web, e também durante seus primeiros passos, a rede funcionara como um território rural, onde não existia nenhuma rodovia, mas apenas muitas estradinhas pequenas. Encontrar um site em que estivesse depositado certo conteúdo era como sair à procura de um casebre perdido no campo, porque não existia nenhuma simplificação do processo de comunicação direta.

A World Wide Web foi a passagem decisiva de um universo virtual sem mapa para um universo virtual cada vez mais minuciosamente cartografado. As interfaces de navegação são bússolas que inicialmente nos permitem encontrar alguns nós para, em seguida, progressivamente refinar a pesquisa e mapear gradativamente o território virtual da rede. Com a criação da World Wide Web, atinge-se a realização da utopia cibercultural, a última utopia do século que acreditou no futuro.

Mas, pouco tempo depois do lançamento da www, revelou-se a perspectiva distópica da evolução da rede. Quando a Microsoft lançou o Windows95, o novo sistema operacional que contém o Explorer, interface de acesso à rede, a comunidade de rede alertou sobre um perigo. Delineava-se a possibilidade de uma superposição progressiva entre cartografia, interface de leitura e sistemas operacionais que possibilitam o uso das interfaces. E isso significava a penetração de uma lógica monopolizadora no universo da comunicação reticular. Estava se formando um monopólio vertical que objetivava pôr nas mãos de um único produtor os diversos níveis da produção da comunicação.

Em 1992, Bill Gates, em carta ao linguista Thomas Sebeok, a propósito das interfaces de facilitação do acesso informático, escreveu: *"Power is: making things easy"* (o poder consiste em tornar as coisas fáceis). Trata-se de uma frase genial e iluminadora sobre a própria essência do poder porque é concebida e pronunciada por uma pessoa que soube acumular poder econômico por meio da criação de tecnologias linguísticas.

Estamos acostumados a identificar o poder com a força ou, de qualquer forma, com uma ação que provém de cima e que impõe modelos de comportamento. Assim nos ensinou o pensamento de Hobbes e de Maquiavel.

A frase de Bill Gates nos permite ver o poder de outro modo, que é muito semelhante ao modo de Foucault, como modalidade de performação microfísica do corpo social e, particularmente, do comportamento cognitivo e linguístico dos indivíduos que constituem a sociedade. Bill Gates diz que na gênese do poder está a facilitação dos processos cognitivos, a facilitação do acesso e do percurso.

Poderíamos descrever a formação das relações de poder como a criação de um sistema de planos inclinados. Se formos capazes de construir planos inclinados que permitam aos fluxos sociais, econômicos, informativos deslizarem pacificamente em direção a um único orifício, então o poder se torna o orifício. "*Making things easy*" significa facilitar o percurso em direção ao orifício que constitui o acesso ao lugar onde o domínio se oculta.

A Microsoft ganhou a concorrência no mercado da informática porque teve a capacidade de impor seus percursos. E o melhor modo de impor um percurso é tornar o acesso quase imperceptível, quase inconsciente, quase automático.

A utopia da rede e a distopia do controle se entrelaçam em torno dos mesmos processos. Desde o início dos anos 1990, de fato, a utopia libertária da rede e a distopia do poder total se aproximam, quase se sobrepõem e disputam a imaginação do futuro da rede. Nesse ponto, eu gostaria de delinear sinteticamente essas utopias e essas distopias.

FUTURO WIRED

Para os futuristas virtuais, o acesso à informação poderia ser ilimitado e sem censuras. Sem considerar os efeitos da uniformização cultural. Para eles, a comunicação em rede devia permitir uma ampliação da sociedade virtual. Sem considerar os efeitos de isolamento produzidos pela virtualização da sociabilidade.

A exaltação da potência da rede tornava-se o estilo emergente na comunicação política, literária e filosófica. Era o estilo *wired* que circulava na cultura norte-americana dos anos 1990. Pierre Lévy, autor de livros como *As tecnologias da inteligência*, *A inteligência coletiva* e *Filosofia World*, traduz o espírito *wired* no contexto europeu, sobretudo francês.

Encerrados em seu sistema nacional e público, que tinha dado vida ao Minitel, os franceses levaram um tempo para entrar no grande fluxo da *netculture*, ficando de fato à margem, em atraso, em relação à *netculture* norte-americana ou norte-europeia. Pierre Lévy teve, no entanto, a capacidade de traduzir a dimensão global da rede dentro dos esquemas mentais da tradição iluminista e, até mesmo, dentro das linguagens rizomáticas do pós-estruturalismo.

Mas o centro propulsor da cibercultura continuou sendo a Califórnia. A redação da revista mais representativa dos anos 1990, a *Wired*, fica em San Francisco. Tecnologia, economia, publicidade e imaginário são os planos sobre os quais a *Wired* constrói sua visão da rede.

O design da *Wired*, com suas cores ácidas e suas imagens ricamente psicodélicas, foi desde o início a declaração de uma poética. Tecnologia e psicodelismo festejavam suas ostentações em um conúbio que ia em direção à telepatia universal. A telepatia era o horizonte do desenvolvimento tecnocomunicativo do qual a Rede é a realização principal.

A *Wired* apresentava um design psicodélico e líquido, uma fluidez que interpretava o espírito ácido do pós-moderno californiano, mas também a desconstrução tecno e a vertiginosa dispersão hipertextual.

Wired é um Ultrapoderoso Livro Mutante. Como o metal líquido T-1000, cujo "polyalloy mimético" permite que ele assuma a forma de "qualquer coisa que toque". *Wired* usa a tecnologia digital para "sugar todas as referências na história conhecida da humanidade", segundo o diretor de arte John Plunkett, que, em colaboração com Barbara Kuhr, desenhou essa revista.[6]

Antecipando as escolhas e as orientações dos gigantes da informática (sobretudo antecipando Bill Gates), a *Wired* lançou a palavra de ordem fundamental do início dos anos 1990: a rede é o conceito, o método, a tendência.

A *Wired* iniciou as publicações em 1993, simultaneamente ao lançamento da World Wide Web. Apenas alguns anos depois, a internet se tornou um lugar-comum do jornalismo e campo de batalhas comerciais, econômicas e publicitárias. Em 1993, poucos estavam sintonizados no comprimento de onda da rede.

Contemporânea da www, do Mosaic e da Netscape, as primeiras interfaces de navegação, a *Wired* se dirigia àquelas restritas vanguardas da tecnologia e da comunicação que já estavam sintonizadas com a rede recém-criada. Entre esses poucos havia os frequentadores das BBS, que proliferavam utilizando tecnologias ainda rudimentares de *browsing*, a vasta comunidade californiana da Well, havia os ciberpunks aficionados por literatura de ficção científica mental que vai de Philip Dick a William

[6] Mark Dery, *Wired Unplugged*, 1996. Disponível em: <http://futurenonstop.org>. Acesso em: 6 fev. 2019.

Gibson. E havia os pioneiros da nova fronteira da comunicação e da economia.

Na revista, como na cibercultura em geral, o pensamento libertário e o pensamento neoliberal estiveram juntos desde o início, coerentes em sua distinção. Depois, com o passar do tempo, o segundo acabaria tendo domínio sobre o primeiro, como o futurismo histórico havia progressivamente se integrado à realidade totalitária.

O neofuturismo virtual tem aspectos novos em relação aos futurismos do início do século, embora adotasse o mesmo espírito antipassadista, iconoclasta, de vanguarda. *Change is good* [mudar é bom] é o título com o qual a *Wired*, em 1998, abriu o número que festejava seu quinto aniversário. Em seus primeiros números, encontram-se nomes dos principais personagens da cena cibercultural: escritores ciberpunk, como Bruce Sterling; figuras versáteis, como John Perry Barlow, músico, economista e empreendedor de vanguarda; teóricos de formação científica e ecológica, como Kevin Kelly; empreendedores, como Bill Joy; filósofos como Stewart Brand; economistas, como Paul Drucker; futurólogos, como Alvin Toffler.

A FACE DISTÓPICA
DO CIBERPENSAMENTO

Mas há outra face da cibercultura, uma face crítica e, às vezes, claramente distópica. Arthur Kroker representa esse lado obscuro tanto quanto Pierre Lévy representa o lado cor-de-rosa. Kroker é um sociólogo canadense, de Montreal, próximo às posições de Jean Baudrillard. Em suas obras, concentra-se em duas questões. A primeira é a redefinição dos mecanismos de poder através da difusão da rede telemática. Em um livro de 1993, intitulado *Data Trash*, Kroker critica a evolução da rede e sua transformação em dispositivo de poder denominado por ele *Infobahn*. A construção do sistema de navegação por parte de agências semioeconômicas leva à formação de verdadeiros circuitos de cabos cujos procedimentos são programados. Esses procedimentos não são imposições nem interdições, mas facilitações. Não impeço você de fazer outra coisa e não o obrigo a fazer o que eu quero, simplesmente facilito para quem faz as coisas que me convêm. É exatamente isso que a Microsoft fez sistemática e conscientemente, como mostra a carta de Gates a Thomas Sebeok que mencionamos.

A segunda questão sobre a qual se concentra a crítica de Kroker refere-se às temáticas da corporeidade, ao corpo tecnológico em oposição ao corpo desejante. Nos livros de Pierre Lévy, a dimensão conceitual do desejo, da sexualidade e do inconsciente é completamente dissolvida. Em *Filosofia World*, Lévy chega a dizer: "o inconsciente é como a virtualidade", no sentido de que no inconsciente está tudo o que ainda não entendemos e que compreenderemos amanhã. Não há uma definição de inconsciente mais absurda que essa. Naturalmente, cada um pode definir o inconsciente como bem quiser, mas o inconsciente não é virtual, não é algo em estado de virtualidade que atua em direção a um desdobramento possível. O inconsciente é irremediável, é o que está irremediavelmente escondido a qualquer visão possível. O inconsciente é, segundo Freud, "*innere Ausland*", a terra estrangeira interior, a terra estrangeira que carregamos dentro de nós.

Se definirmos o inconsciente como "o que ainda não conhecemos", acabamos fazendo da sexualidade, do desejo, por exemplo, uma simples questão de marketing do desejável. O desejo corre o risco de se tornar simplesmente o que não temos ainda, mas que poderíamos ter se tivéssemos dinheiro para comprar.

Arthur Kroker parte justamente daqui, do ressurgimento da corporeidade recalcada pelo virtual. Segundo ele, influenciado direta e explicitamente pelos escritos de Jean Baudrillard, a *ciberinteratividade* é o oposto da relação social. Quando falamos de interatividade, diz Kroker, não estamos falando de relações sociais, mas exatamente do contrário. A presença humana reduzida a um *"twist finger"*, a um dedo que se agita, a um corpo paralisado e a uma bomba de informação supersaturada que navega em canais e realiza escolhas no interior de limites estritamente programados.

A virtualização provoca, segundo Kroker, uma contração da corporeidade, que tende a se manifestar com formas de comportamento agressivo definíveis como "retrofascismo". O retrofascismo é a consequência da contração espasmódica do corpo virtualizado. A partir do momento em que o corpo é reduzido à função de agente de uma interação sem corporeidade, ele se rebela contra esse cancelamento, contra esse recalque, contra essa virtualização. A reterritorialização agressiva vem após a desterritorialização virtual.

TORNAR-SE ENXAME

Utopia e distopia tornam-se indistinguíveis, ou melhor, integram-se, na visão da rede que Kelly expõe em seu livro mais conhecido, *Out of Control*, também publicado em 1993. Kelly é um biólogo e jornalista que, por muitos anos, animou uma revista do movimento ecologista californiano chamada *CoEvolution Quarterly*. Em seguida, tornou-se redator da *Wired*, nos primeiros anos de sua história. Para ele, a conexão de rede é destinada a instituir uma espécie de superorganismo bioinformático no qual se concatenam elementos orgânicos, biológicos, eletrônicos e cognitivos em um *continuum* cujos componentes não podemos mais distinguir.

No momento em que redes extensas penetram o mundo construído, vemos os primeiros raios do que surge daquela rede: máquinas que se tornam vivas, inteligentes e que evoluem – uma civilização neobiológica.

Em certo sentido, surge uma mente global de uma cultura de rede. A mente global é a união de computador e natureza – de telefones e cérebros humanos e de outras coisas. É um complexo muito amplo e disforme, governado por sua própria mão invisível.[7]

O superorganismo bioinformático assume, segundo Kevin Kelly, as características e os movimentos da chamada *"Global Mind"*, uma mente global.

Nós, seres humanos, seremos inconscientes do que a mente global é capaz de pensar. Isso não porque não somos suficientemente inteligentes, mas porque o design de uma mente não permite às suas partes compreender sua totalidade. Os pensamentos específicos da mente global – e suas ações posteriores – estarão fora do nosso controle e acima da nossa compreensão. Assim, a economia da rede fará nascer um novo espiritualismo.[8]

Por isso, Kelly intitula seu livro *Out of Control* [Fora de controle]. Porque a rede não é mais governável por alguma vontade subglobal. Nenhum grupo político, econômico, intelectual, pode pretender definir o curso dos eventos, porque este é cada vez mais determinado pelo funcionamento integrado de uma mente

[7] K. Kelly, *Out of Control: the Rise of Neo-Biological Civilization*. New York: Basic Books, 1994, p. 202.
[8] Id., ibid., p. 202.

global da qual ninguém é detentor nem dono, mas que se constitui no cruzamento de todos os fluxos de saber depositados na rede em forma de automatismos. Os comportamentos humanos tendem, portanto, a se tornar os de um enxame. Nenhuma unidade mental subglobal pode ser capaz de compreender os desígnios superiores da mente global, porque sua complexidade é inacessível para o cérebro individual, e de fato Kelly fala de *Hive--Mind*, "mente alveolar".

Quais são as características do enxame? O enxame tem características análogas às de uma multidão de pessoas que corre em direção a uma plataforma de trem para pegá-lo antes que seja tarde. Mas os comportamentos das pessoas que compõem a multidão são, dentro de certos limites, voluntários, intencionais e, consequentemente, aleatórios e pouco previsíveis. Os comportamentos das pessoas que passam a fazer parte de uma *network* não são tão aleatórios como os da multidão, porque a *network* implica e prefigura alguns percursos privilegiados. Em geral, quem entra em uma rede está disposto a seguir as indicações. Uma rede é constituída por ferramentas lógicas e técnicas que possibilitam uma automação de comportamentos graças a exterioridades técnicas e simbólicas. O princípio que regula o *swarm* [enxame] é a internalização dos automatismos por parte dos organismos vivos que são guiados. Os componentes do *swarm* são completamente inconscientes ou apenas parcialmente conscientes do fato de que seus comportamentos são guiados por automatismos inatos ou introjetados.

Partindo da metáfora do alvéolo, Kelly formula a noção de civilização neobiológica para entender o modelo social que se forma após a interconexão cada vez mais intensa e disseminada de automatismos técnicos que formam a estrutura nervosa da relação entre organismos conscientes. As máquinas passam a fazer parte dessa neobiologia estendida, dessa descrição biológica de uma rede na qual estão envolvidos corpos, máquinas, fluxos. As tecnologias interconectadas criam sistemas complexos de tipo "vivos-sistêmicos", porque o *continuum* tecnológico constituído por máquinas inteligentes interconectadas tende a se comportar como um superorganismo. Ao mesmo tempo, as pessoas humanas incorporam em sua relação comunicativa, produtiva e simbólica um número crescente de automatismos técnicos, acabando por se comportarem como um sistema automático.

Enquanto a lógica do *bios* é importada para as máquinas, a lógica da *tekné* é importada para a vida humana e para os mesmos comportamentos inteligentes da vida social.

> A partir do momento em que emitimos forças vivas para as máquinas que criamos, perdemos o controle delas [...]. A rede é um emblema de múltiplos. A partir dela origina-se o ser enxame – o ser distribuído – que se espalha sobre toda a teia de forma que nenhuma parte possa dizer: "eu sou o Eu". É irremediavelmente social [...] o mistério da mão invisível, do controle sem autoridade está oculto na rede.[9]

Em um enxame, a relação entre os elementos participantes (as abelhas, por exemplo, mas também os seres humanos, segundo a hipótese proposta por Kelly) é regulada por um princípio de conexão automática, no sentido de que os movimentos e as ações de cada participante devem respeitar automatismos interiorizados, se o participante quiser continuar a ser parte da ação social.

A conectividade não comporta nenhuma compreensão analógica recíproca, nenhuma inclusão afetiva. A conexão é mera interoperabilidade. Ela possibilita uma eficiente circulação de informação abstrata. A conexão envolve corpos conscientes e sensíveis, mas o corpo consciente e sensível é um meio passivo e não essencial da conexão. A consciên-

[9] Id., ibid., p. 26.

cia tem relevância na conexão apenas enquanto torna possível uma reatividade coerente. A sensibilidade não tem nenhuma função na relação de conexão. E, de fato, tende a se apagar, desativar-se, quanto mais disseminada a conexão se torna.

O FUTURO NÃO PRECISA MAIS DE NÓS

Kelly postula uma racionalidade intrínseca da mente global, segundo o modelo smithiano e liberal da "mão invisível". Na época digital, a mão invisível é o sistema de automatismos tecnológicos, cognitivos e econômicos que se concatenam na rede. Quanto mais complexa e disseminada se torna a rede dos automatismos conectivos, mais improvável se torna a consciência e o controle voluntário das consequências das ações comunicativas. A quantidade de informação que circula entre os diversos pontos da rede é superior à quantidade de informação que pode ser conscientemente elaborada e, portanto, governada por uma vontade política, por mais eficiente que seja.

As relações, as trocas, as hierarquias, as prioridades e os critérios que regulam o mercado-rede são incorporados progressivamente no interior do próprio maquinário e passam a fazer parte do código de programação das máquinas e das interfaces homem-máquina. Uma rede de automatismos tecnolinguísticos se insere em cada poro do sistema social e acaba por regular cada vez mais detalhadamente o trânsito da comunicação e as possibilidades de ação, de movimento e de escolha.

A digitalização dos processos informativos e a conexão eletrônica entre os sistemas informáticos e as infraestruturas sociais transformam a economia em uma tecnosfera regulada e passível de recombinação. Os investimentos, as transferências de capital, o destino dos recursos para esse ou aquele setor do gasto público não dependem mais das escolhas voluntárias, das estratégias, das políticas, da decisão. Dependem cada vez mais da ação interconexa de automatismos tecnofinanceiros que se impõem com a força da necessidade natural (embora naturais não sejam absolutamente).

O procedimento da decisão, o ato de projetar o futuro, de escolher um futuro entre todos aqueles possíveis, depende menos da vontade humana, da vontade de indivíduos, grupos, instituições ou Estados. O paradoxo de quem decide consiste no fato de que, quanto mais complexa e veloz é a informação que circula, menor se torna o tempo disponível para examinar a informação necessária para realizar a escolha consciente. Consequentemente, as interdependências entre dados e decisões são cada vez mais incorporadas na linguagem e nas interfaces homem-máquina, e sua execução é confiada a mecanismos sociais despersonalizados.

Aquelas decisões que parecem ser humanas são cada vez mais interpretações humanas de decisões automáticas. As decisões automáticas dependem de critérios incorporados ao programa de elaboração informática dos dados provenientes do ambiente. Certamente, o objetivo técnico dos critérios da interdependência não é natural, não é neutro e não é causal. Responde a um critério de maximização do lucro. Pode-se objetar que esse critério não é objetivo, não é natural. Mas esse é um outro assunto. O que me interessa é que a decisão não tem mais características humanas e voluntárias, porque a vontade é apenas o fingimento de um procedimento.

A utopia virtual devorou o futuro. Retirou-o da esfera da imaginação e da vontade humana. A utopia virtual culmina na distopia de um totalitarismo sem vontade.

Em 2000, saiu na *Wired* um texto que, em seguida, foi amplamente discutido na rede, assinado por Bill Joy com o título "Por que o futuro não precisa mais de nós". O texto entra em conflito com o espírito da revista e representa um momento de consciência distópica impressionante. Bill Joy não é um filósofo radical. Naquela época, era diretor e programador da Sun Microsistem, quarta empresa mundial de software. No ensaio, Bill Joy diz com um tom e uma perspectiva invertidas as mesmas coisas que Kelly pronuncia com ênfase entusiasticamente futurista. Como Kelly, Bill Joy também descreve a tendência em direção à criação de uma mente global incorporada aos automatismos técnicos, lógicos, linguísticos e operacionais. Mas, se Kelly convida a não temer, a aceitar com confiança a tendência, sem pretender poder controlar a infinita complexidade da mente global, o tom de Bill Joy é dominado pela ansiedade, pelo temor de ter dado vida a um monstro distópico ao qual parece impossível furtar-se. Pensando na progressiva proliferação das nanotecnologias inteligentes e no progressivo entrelaçamento entre tecnologias informáticas, tecnologias biológicas e tecnologias de simulação, Bill Joy formula um cenário no qual os seres humanos se tornam obsoletos, marginais, irrelevantes, porque as cadeias de decisão são cada vez mais governadas por máquinas inteligentes.

Poderíamos liquidar a análise de Bill Joy dizendo que, no fundo, trata-se de velhas imaginações distópicas cuja origem pode ser encontrada em George Orwell, em Ray Bradbury, em J. G. Ballard. Mas, na primeira década do novo milênio, aquelas imaginações distópicas parecem as únicas capazes de descrever o futuro, aliás, o presente. O futuro e o presente parecem escapar à capacidade de ação humana e até mesmo à capacidade de compreensão daqueles que deveriam escolher, decidir e governar.

Julho de 2008. As oito grandes potências se encontram em Hokkaido, aos pés do vulcão. O lugar dessa reunião de cúpula fica às margens do lago Tōya, que nasceu da erupção de um vulcão ativo.

O programa se concentra nas emergências planetárias. Antes de mais nada, nas modificações climáticas globais, na devastação do ambiente, na multiplicação inexorável dos eventos catastróficos. Mas o que se entende durante o encontro é que ninguém é capaz de parar o trem lançado em velocidade crescente em direção ao abismo.

Quando nasceu, em um pequeno encontro em Paris em 1975, o que se chama hoje G8 era um organismo capaz de tomar decisões e de agir de acordo. Hoje, a cúpula do G8 é um paquiderme espetacular que mobiliza um número impressionante de jornalistas, guarda-costas, policiais e helicópteros e custa uma cifra assustadora. Mas suas capacidades de decisão e de ação eficaz parecem reduzidas praticamente a zero.

As decisões que os grandes do mundo comunicaram ao mundo após três dias de discussões são risíveis. Sem assumir nenhum compromisso sobre as ações a serem executadas nos próximos anos e décadas, os chefes de governo das principais potências mundiais simplesmente estabeleceram, com um exorcismo, que em 2050 a emissão de poluentes será reduzida pela metade.

Na realidade, todos sabem muito bem que o crescimento econômico impõe uma exploração cada vez mais devastadora dos recursos do planeta e uma devastação crescente do ambiente. E o que é o crescimento econômico, pelo qual tudo deve ser sacrificado, até o ar? É o critério incorporado às "máquinas" de conexão, o critério que regula os automatismos informáticos, financeiros, psíquicos aos quais a existência dos homens e das mulheres não pode mais fugir.

4. FUTURO PRECÁRIO

A INVERSÃO DO FUTURO

O futuro mudou de sinal, avisam Miguel Benasayag e Gérard Schmit em um livro cujo título é *L'epoca delle passioni tristi* [A era das paixões tristes], no qual refletem sobre a longa prática de terapia desenvolvida com jovens das *banlieux* parisienses. Na época moderna, o futuro era imaginado conforme a metáfora do progresso. Durante os séculos do desenvolvimento moderno, a pesquisa científica e o investimento econômico se inspiraram na ideia de que o conhecimento deveria atuar para governar cada vez mais completamente o universo. O iluminismo sanciona essa concepção, e o positivismo a torna uma crença fundamental. As ideologias revolucionárias marxistas e leninistas, guiadas por uma visão historicista e dialética, também imaginam o futuro com base em um modelo teleológico progressivo.

O futurismo marcou a sensibilidade e a expectativa de mundo da cultura do século XX. Mas, na última parte do século XX, as premissas filosóficas, estéticas e sociais que desenharam a expectativa de futuro dos modernos se desfizeram, com a dissolução da credibilidade de um modelo progressivo de futuro.

O futuro, a própria ideia de futuro caminha agora com o sinal trocado, a positividade se transforma em negatividade e a promessa se torna ameaça. Certamente, os conhecimentos se desenvolveram, mas são incapazes de eliminar o sofrimento humano, alimentam a tristeza e o pessimismo que se espalham.[1]

O futuro se transforma em ameaça quando a imaginação coletiva se torna incapaz de ver possibilidades alternativas para a devastação, a miséria e a violência. Essa é justamente a si-

[1] M. Benasayag & G. Schmit, *L'epoca delle passioni tristi*. Roma: Feltrinelli, 2004, p. 29.

tuação atual porque a economia se transformou em um sistema de automatismos tecnoeconômicos dos quais a política não consegue escapar. A epidemia de depressão contemporânea se coloca em um contexto de paralisia da vontade, que é um outro modo de dizer precariedade.

Na precariedade, manifesta-se uma impossibilidade de traduzir as intenções em ações, em comportamento. Dentro do regime de aleatoriedade dos valores flutuantes, a precariedade se torna uma forma geral da relação social e afeta a composição social da nova geração que se coloca no mercado. A precariedade não é um aspecto peculiar, mais ou menos amplo, da relação produtiva, mas o núcleo negro do processo de produção.

Um fluxo contínuo de infotrabalho fractalizado e passível de recombinação circula na rede global como fator de valorização universal, mas esse fluxo não é capaz de se transformar em sujeito, não consegue consolidar comportamentos organizacionais, formas de defesa política ou sindical, devido às características técnicas do processo de trabalho e à forma de trabalho celularizado. Conectividade e precariedade são as duas faces da mesma moeda. O sistema conectivo captura e conecta fragmentos celulares de tempo despersonalizado. O capital compra fractais de tempo humano e os recombina na rede.

Do ponto de vista da valorização de capital, o fluxo é contínuo e encontra a sua unidade na rede em que circulam os semiotrabalhadores, mas, do ponto de vista dos trabalhadores, a prestação de trabalho tem caráter fragmentário. Fractais de tempo, células pulsantes de trabalho se ligam e desligam no grande quadro de controle da produção global.

A distribuição de tempo-trabalho pode ser desconectada da pessoa física e jurídica do trabalhador. A empresa não compra a força-trabalho de uma pessoa, mas instantes separados de sua atividade, células temporais que a rede se encarrega continuamente de recombinar. O tempo de trabalho social se torna um mar de células que valorizam e podem ser convocadas e recombinadas conforme as exigências do capital.

Capital que se recombina e trabalho precário são as figuras dominantes na cena do nosso tempo. O capital não precisa mais usufruir de todo o tempo de vida de um operário, precisa de fragmentos isolados de seu tempo, instantes de atenção e operatividade. A extensão do tempo é minuciosamente celularizada. Células de tempo produtivo podem ser mobilizadas de forma pontual, casual, fragmentária, e a recombinação desses fragmentos é automaticamente realizada pela rede. O telefone celular é o instrumento que possibilita o encontro entre as exigências do semiocapital e a mobilização do trabalho vivo ciberespacializado. O toque do celular chama o trabalhador a reconectar o seu tempo abstrato ao fluxo reticular.

O capital quer ser livre para transitar por todos os cantos do mundo com o fim de encontrar todo fragmento de tempo humano disponível para ser explorado pelo salário mais miserável. Com essa finalidade, dá início a uma busca contínua, pontual, fragmentária, fractalizada, celularizada. Vai em busca do fragmento de trabalho que possa ser explorado ao custo mais baixo, captura-o, usa-o e o descarta. O tempo de trabalho é fractalizado, ou seja, reduzido a fragmentos mínimos recomponíveis, e a fractalização possibilita ao capital uma busca constante das condições de salário mínimo. A pessoa do trabalhador é juridicamente livre, mas seu tempo é escravo. Seu tempo não lhe pertence porque está à disposição do ciberespaço produtivo, reprogramável.

O trabalho necessário para fazer a rede funcionar é uma constelação de instantes isolados no espaço e fracionados no tempo, recompostos pela rede, uma máquina fluida. Para poderem ser incorporados pela rede, os fragmentos de tempo de trabalho devem se tornar compatíveis, reduzidos a um único formato que possibilite uma interoperacionalidade geral. Verifica-se, assim, uma verdadeira cisão entre a percepção subjetiva do tempo que flui e a recomposição objetiva do tempo na produção de valor.

Que imagem de futuro pode ser gerada em um cérebro social fragmentado e celularizado até o ponto de não poder reconhecer-se como sujeito unitário? Na esfera do tempo precário, não se pode formular nenhum projeto de futuro, porque o tempo precário não se subjetiva, não se torna sujeito de imaginação nem de vontade nem projeto.

A fragmentação do tempo atual modifica-se radicalmente na implosão do futuro.

> Não temos futuro porque o nosso presente é volátil demais. [...] Temos apenas gerenciamento de riscos. O desdobramento dos cenários de um momento determinado.[2]

TEMPO-TRABALHO CELULARIZADO

O neoliberalismo não é a causa da transformação que, nas últimas décadas do século XX, surpreendeu as formas de trabalho e subverteu as defesas sindicais e políticas conquistadas em um século e meio de história do movimento operário, mas apenas a legitimação ideológica e a implementação político-militar de um processo que se de-

[2] W. Gibson, *Reconhecimento de padrões*, trad. Fábio Fernandes. São Paulo: Aleph, 2012, p. 70.

senvolve nos interstícios da infraestrutura técnica digital e nas profundezas do psiquismo coletivo.

O superorganismo bioinformático tende a introjetar tecnicamente e a subsumir o sistema nervoso coletivo transformando--o em um seu apêndice, ou melhor, em um servo-mecanismo comandado pelos automatismos técnicos da rede global. Pensemos no que era o trabalho na época industrial. O trabalhador era uma pessoa jurídica, um indivíduo, um corpo que emprestava o seu tempo (oito, nove, dez horas por dia) ao capital para que este pudesse sugar o máximo de valor possível. Mas, naquele âmbito, a pessoa era portadora de direitos políticos e sindicais, e o corpo físico era movido por pulsões, instintos, desejos, fraquezas. Em uma luta-negociação ininterrupta, o capital e o trabalho entravam em conflito, faziam acordo e estabeleciam regras. Reconheciam-se direitos, estabeleciam-se modalidades de relação jurídica e sindical. O corpo físico do trabalhador tinha direito ao descanso, à assistência, à cura, à aposentadoria.

Quando o processo de produção se transforma em rede digital, quando o ato produtivo se torna distribuição de átomos de infotrabalho certificados conforme um princípio de modulação e de reprogramação, a essa altura não há mais nenhuma necessidade da pessoa jurídica do trabalhador nem de seu corpo físico. Na rede global, não há mais pessoas que prestam tempo-trabalho, mas um mosaico infinito de fragmentos reprogramáveis e celulares. Um verdadeiro *brain-sprawl*, uma distensão ilimitada de atividade nervosa à espera de ser mobilizada de forma celular e provisoriamente remunerada. O processo produtivo global aparece tendencialmente como um mar de fractais reprogramáveis e celularizados. A pessoa é apenas o resíduo irrelevante, intercambiável, precário do processo de produção de valor. Consequentemente, não pode reivindicar nenhum direito nem se identificar como singularidade. Pode-se falar de escravismo celular.

Para que o processo de trabalho possa ser absorvido na esfera da evolução conectiva, é preciso que ele se depure dos resíduos mecânicos da manipulação material para se tornar pura e simples recombinação de informação, dispêndio reprogramável de energia nervosa. O átomo de tempo que Marx mencionava é o verdadeiro elemento de base da produção de valor. Mas, na esfera industrial mecânica, o átomo de tempo era sujo, incrustado com as impurezas da matéria trabalhada e da matéria orgânica da qual era constituído o corpo físico, mortal, deteriorável e reativo do trabalhador. A mentalização de trabalho, por sua vez, abre a possibilidade de eliminar toda impureza, toda escória de materialidade, de diferença, de imperfeição. A linha de montagem da fábrica taylorista do século XX pressupunha uma série de passagens de disciplinamento do trabalho vivo: a análise dos movimentos, sua simplificação e sincronização. O processo de abstração do trabalho, durante o qual o gesto de trabalho perde toda a referência à sua função concreta, alterou-se historicamente por meio desses processos de disciplinamento técnico do corpo para o trabalho. Toda a obra foucaultiana de genealogia da episteme moderna pode ser lida nessa perspectiva. O disciplinamento do corpo supõe a existência de uma pessoa jurídica e física com a qual o capital precisa entrar em acordo. O conflito operário é conflito de corpos de trabalhadores ou de pessoas corpóreas.

A digitalização representa um salto de qualidade no processo de simplificação, padronização e sincronização da gestualidade produtiva, a partir do momento em que esta se torna pura e simples recombinação de diferenças binárias. A informatização digital torna possível um processo de recombinação a-subjetiva de informações que não têm a função de significar o mundo ou de representá-lo, mas de gerá-lo, como mundo de síntese: a rede.

Para que a rede possa funcionar, é preciso tornar compatíveis entre si os signos e os gestos produtivos que entram em conexão. Para que agentes semióticos possam entrar em conexão, têm que ser depurados de toda incrustação de carnalidade, de singularidade linguística. Para poder ser colocado em rede, o tempo da mente precisa ser depurado de seus aspectos de singularidade, compatibilizado com o tempo de qualquer outra mente conectada e, portanto, formatado conforme um código de tradução universal. Acredito que seja legítimo falar de uma espécie de reformatação da atividade mental como efeito último da mutação psíquica, cognitiva e tecnológica da época contemporânea.

O processo de compatibilização e de reformatação da atividade mental tem aspectos técnico-digitais (programação dos circuitos, padronização dos protocolos de comunicação e de troca), mas tem também aspectos psicocognitivos. Os lugares em que se desenvolve a formatação psicocognitiva são múltiplos: a comunicação, a engenharia da imaginação (*imageneering*), a psicofarmacologia e o processo de formação.

A escola e a universidade são cada vez menos destinadas à formação de pessoas livres e cada vez mais à produção de terminais humanos compatíveis com o circuito produtivo. A finalidade cada vez mais explícita da formação é o que torna os seres humanos dependentes do processo de produção de valor. A interface fluida com a máquina produtiva requer uma remoção das arestas (diferenças culturais, históricas, estéticas).

Mas igualmente importante no processo de reformatação é o ciclo farmacológico. A mutação comporta patologias, sofrimento, desvios da comunicação e desconforto existencial. O sistema nervoso é submetido a um estresse sem precedentes e isso provoca patologias da atenção, da imaginação, da memória e da emoção que tendem a assumir caráter epidêmico. A psicofarmacologia intervém para restabelecer a fluidez do ciclo produtivo e comunicativo quando esta é posta em perigo pelo desvio psicopático, mas naturalmente a psicofarmacologia não pode tratar as causas do sofrimento do trabalhador cognitivo, embora possa mobilizar suas energias psíquicas.

Durante o processo de construção da rede digital, o trabalhador cognitivo é induzido a se considerar empreendedor de si mesmo, para que possa correr ao longo de inacessíveis trilhas da imprevisibilidade existencial sem nunca perder a convicção de estar na onda. O boom da *new economy* na metade dos anos 1990 e a *dotcomania* que se difundiu naqueles anos de aliança entre o trabalho cognitivo e o capital financeiro foram indissociáveis da *prozac economy*. Os benzodiazepínicos sustentaram o esforço de milhões de trabalhadores precários na corrida rumo ao sucesso da empresa. E o *dotcomcrash* que atingiu o sistema produtivo global no início do novo milênio não pode ser dissociado do colapso psíquico que, na passagem do milênio, atingiu o organismo coletivo em estado de eletrocução permanente: *prozac-crash*.

PSICOPATIA

Na *net-economy*, a flexibilidade evoluiu na forma de uma fractalização do trabalho. Fractalização significa fragmentação do tempo de atividade. O trabalhador não existe mais como pessoa. É apenas um produtor intercambiável de microfragmentos de semiose passível de recombinação que entra no fluxo contínuo da rede. O capital não paga mais a disponibilidade do trabalhador para ser explorado por um longo período de tempo, não paga mais um salário que cubra todo o campo das necessidades econômicas de uma pessoa que trabalha. O trabalhador (máquina que possui um cérebro que pode ser usado por fragmentos de tempo) é pago pela sua prestação pontual, ocasional, temporária. O tempo de trabalho é fractalizado e celularizado. As células de tempo estão à venda na rede, e as empresas podem comprar quantas delas quiserem sem se comprometer de forma alguma com a proteção social do trabalhador. O trabalho cognitivo é um mar de fragmentos de tempo microscópicos, e a celularização é a capacidade de recombinar fragmentos de tempo na moldura de um único semioproduto. O telefone celular pode ser visto como a linha de montagem do trabalho cognitivo.

Esse é o efeito da flexibilização e da fractalização do trabalho. Onde havia autonomia e poder político do trabalho, agora o trabalho cognitivo tem uma total dependência da organização capitalista da rede global, dependência que as emoções e o pensamento passam a ter do fluxo de informação. O efeito desse processo de sujeição da vida ao infotrabalho é uma espécie de crise nervosa que afeta a mente global. A crise financeira que atingiu várias vezes o capitalismo financeiro pode ser vista como um efeito do colapso do investimento econômico do desejo social. A palavra "colapso" expressa uma verdadeira crise patológica do organismo psicossocial. O que testemunhamos no período seguinte aos primeiros sinais da crise econômica é um fenômeno psicopático, é o colapso da mente global. A depressão econômica atual é um efeito colateral de uma depressão psíquica. O investimento intenso e longo do desejo e das energias mentais e libidinais criou o ambiente psíquico ideal para um colapso que agora está se manifestando no campo da economia, com a recessão e a diminuição da demanda, no campo político, em forma de agressividade militar, e no campo cultural, na forma de uma tendência ao suicídio em massa.

A economia da atenção tornou-se um tema importante nos últimos anos. Os trabalhadores virtuais têm cada vez menos tempo de atenção disponível porque estão envolvidos em um número crescente de tarefas mentais que ocupam toda a sua atenção, e não têm mais tempo para se dedicar à própria vida, ao amor, à ternura, ao afeto. Tomam Viagra porque não têm tempo para as preliminares do sexo. A celularização levou a uma espécie de ocupação permanente do tempo de vida. O efeito é uma psicopatologização da relação social. Os sintomas são evidentes: milhões de caixas de psicofármacos são vendidas nas farmácias, a epidemia de distúrbios de atenção se espalha entre crianças e adolescentes, a difusão de fármacos, como a ritalina, nas escolas tornou-se normal e uma epidemia de pânico parece se disseminar.

O cenário dos primeiros anos do novo milênio parece dominado por uma verdadeira onda de comportamento psicopático. O fenômeno de suicídios se difunde para além dos limites do fanatismo islâmico. A partir de 11 de setembro de 2001, o suicídio tornou-se um ato político crucial na cena política global. O suicídio agressivo não deve ser visto apenas como um fenômeno de desespero e de agressão, mas sim como uma declaração do fim. A onda de suicídios parece sugerir que o gênero humano está fora do tempo máximo, e o desespero tornou-se o modo predominante de se pensar sobre o futuro.

HIKIKOMORI

O Japão se tornou um ótimo ponto de observação para analisar o devir precário. É aqui talvez que encontramos os sinais mais interessantes do tempo vindouro. Os signos mais inquietantes são os mais difíceis de serem interpretados, mas também os mais significativos.

Calcula-se que um milhão de pessoas no Japão vivam nas condições que se definem como *hikikomori*. *Hikikomori* é aquele que vive por muito tempo em condições de permanente reclusão no espaço superconectado do próprio quarto. Não sai para encontrar outras pessoas, não sai para atravessar a cidade e para ir trabalhar; os pais, com os quais em geral não têm nenhum tipo de relação, lhe trazem a comida.

Na realidade, acredito que se trata de uma tendência que envolve um número muito maior de jovens e que se difunde não apenas no Japão, mas em todo o mundo, embora de formas distintas. A tendência que se percebe nesse gênero de comportamento é a de se retirar, recusar-se, isolar-se, encerrar-se, esconder-se por não ter mais nada para fazer com a vida social fundada na competição, na violência psicológica, na frustração. Não conhecendo a língua japonesa, não pude estudar suficientemente o fenômeno *hikikomori* para saber em que consiste a produção de rede daqueles que vivem nessas condições de reclusão e de conexão. Não sou capaz de avaliar se, além da escolha de se retirar, há uma escolha de construção de mundos virtuais, comunidades sem corpo capazes de continuidade. Mas a mesma ação de exclusão tem um significado cultural muito forte.

Os estereótipos que descrevem os japoneses como *workaholics* totalmente subordinados à identidade de grupo escondem a realidade de um processo social, político e midiático que impôs um modelo de identificação obrigatória e conformista com a comunidade, mas desencadeou simultaneamente um sentimento de competição feroz.

Competição e conformismo são dois princípios que se integram e, ao mesmo tempo, entram em conflito, produzindo condições de tensão contínua. A comunidade à qual os japoneses são psiquicamente submetidos não é uma comunidade solidária; ao contrário, é uma comunidade competitiva. A unidade interna à comunidade não é horizontal, não vem de baixo, mas é o molde da autoridade imperial, a consequência de um pertencimento obrigatório.

Como escreve Tetsuo Kogawa:

> O Sistema Imperial é o "esquema transcendental" sob o qual as pessoas são obrigadas ou persuadidas a se submeter a uma conformidade coletiva. Isso regula não apenas a forma do Estado, mas também a forma da consciência do povo. [...] O Sistema Imperial é o fator decisivo no desenvolvimento contraditório no capitalismo japonês. [...] O Sistema Imperial pode funcionar apenas enquanto o individualismo for reprimido.[3]

O desenvolvimento do capitalismo japonês nos últimos anos da segunda fase do pós-guerra requeria a formação de uma classe média consumidora. E o consumismo da classe média pode existir apenas como fenômeno de um tipo individualista. Por isso, o capitalismo japonês funciona com base em uma série de "imposições paradoxais", cria um desenvolvimento doloroso de "duplos vínculos", se entendermos essas expressões no sentido em que Paul Watzklawick e Gregory Bateson usaram.

Estamos diante de uma imposição paradoxal quando quem detém a autoridade ordena, ao mesmo tempo, que se faça uma coisa e, implicitamente, ordena que se faça o seu

[3] Tetsuo Kogawa, "Beyond Electronic Individualism". *Canadian Journal of Politic and Social Theory / Revue Canadienne de Théorie Politique et Sociale*, v. 8, n. 3, outono 1984.

contrário. A imposição "seja espontâneo" é o caso mais conhecido e mais citado desse tipo de imposição paradoxal. Como posso ser espontâneo e, ao mesmo tempo, obedecer a essa ordem?

Sabemos, porém, que as imposições paradoxais produzem formas de conflito psíquico não resolvido que definimos como "duplo vínculo". A vida japonesa parece repleta desse tipo de armadilha comportamental. Incita ao individualismo em nome da dependência, estimula à competição, mas impõe o respeito a uma tradição coletivista em que todos são parte do sujeito transcendental do qual a figura do Imperador é símbolo e garantia.

A experiência japonesa dos *hikikomori* parece motivada por uma necessidade de autonomia que, acima de tudo, se manifesta como solidão e sofrimento. Os *hikikomori* devem, nesse sentido, ser considerados uma vanguarda do movimento mundial de retração.

Esse fenômeno, de fato, nos permite compreender a formação da nova subjetividade, a sensibilidade e a fraqueza política da geração precária e conectada. O problema de hoje é agir em relação à solidão, ao medo do futuro e ao suicídio, porque essas são as tendências que se difundem na nova geração, a geração precária e conectada, que se espalha entre os jovens, entre os trabalhadores precários. *Hikikomori* é um sintoma, um traço do sofrimento de hoje, da fraqueza de hoje, mas é também uma indicação cultural, da recusa e da busca de autonomia.

A HUMANIDADE É SUPERESTIMADA

No início do século XXI, a longa história da vanguarda artística se conclui. Iniciada com o *Gesamtkunstwerk* wagneriano e continuada com o grito dadaísta "Abolir a arte, abolir a vida cotidiana, abolir a separação entre a arte a vida cotidiana", a história da vanguarda culmina e se esgota no gesto de 11 de setembro. Stockhausen teve a coragem de declará-lo, mas muitos de nós pensamos: o suicídio aterrorizante é a obra de arte total do século sem futuro. A fusão da arte e da vida (ou da morte, que diferença faz?) é perfeitamente visível naquela forma de ação que podemos definir como suicídio aterrorizante. Pensamos em Pekka Auvinen, o jovem finlandês que se apresentou em uma sala de aula de sua escola empuhando uma metralhadora com a qual matou oito pessoas, entre as quais a si mesmo. Vestia uma camiseta em que se lia *Humanity is overrated* [a humanidade é supervalorizada]. Como podemos negar que em seu gesto houvesse muitas características da ação comunicativa de caráter artístico?

Vamos deixar bem claro que não estou convidando os jovens leitores deste ensaio a se dirigir a um lugar lotado de pessoas com um cinto de explosivos. Estou tentando dizer: cuidado, uma onda gigantesca de desespero pode transformar-se em breve em uma onda de suicídio, que fará da primeira geração conectada uma bomba psíquica devastadora. Não acredito que se possa explicar a onda suicida em termos de moralidade, de valores familiares. Não é com essas categorias que se pode falar do naufrágio ético produzido pelo capitalismo.

O aspecto essencial dessa mutação é a passagem da mente conjuntiva à mente conectiva. A conjunção pressupõe contato entre corpos que criam as regras da relação enquanto a vivem. A conexão é interface de entidades compatíveis cujas regras de funcionamento e relação estão inscritas no código. A conjunção é contato entre corpos com pelos, imperfeitos, que trocam sinais ambíguos incrustados de matéria fônica visual e emocional, enquanto a conexão requer corpos sem pelos, perfeitamente lisos e por isso penetráveis por fluxos de informação depurada de toda imperfeição.

A passagem da concatenação conjuntiva à concatenação conectiva comporta uma crise da transmissão da hereditariedade cultural e política do século XX às gerações que se formam em um ambiente tecnológico e comunicativo completamente transformado. Não se trata de um conflito intergeracional como o que conhecemos nas décadas passadas. Trata-se da impossibilidade de tradução dos sinais emitidos pelo organismo de tipo conjuntivo para um organismo que é formatado conforme o princípio conectivo. Na experiência didática, como na política hoje, começamos a nos dar conta da dificuldade crescente de transmitir valores éticos e políticos à primeira geração conectiva.

Para que a transmissão cultural possa ocorrer, é necessário encontrar a linguagem que traduza as formas da cultura moderna, alfabética, crítica, para as formas das gerações pós-alfabéticas. Há um problema de formatos cognitivos, e não apenas de conteúdos discursivos ou de configurações imaginárias. Aqui, a política encontra sua dificuldade maior, talvez insuperável.

A crise da esquerda, manifesta na retração eleitoral e cultural das forças organizadas do movimento operário e progressista, é o epifenômeno de uma crise muito mais profunda: a crise da transmissão cultural na passagem das gerações alfabético-críticas às gerações pós-alfa, configuracionais e simultâneas.

A dificuldade da transmissão cultural não consiste na dificuldade de transmitir conteúdos ideológicos ou políticos, mas na dificuldade de pôr em comunicação mentes que funcionam segundo formatos diferentes, incompatíveis.

A primeira e mais indispensável operação a ser executada é a compreensão da mutação de formato da mente conectiva.

149 A primeira geração que aprendeu mais palavras com uma máquina do que com a mãe está hoje em cena. Quais são os caracteres essenciais de sua formação? Qual é o seu horizonte de consciência possível, quais são as formas da sua singularização?

O CONTEXTO SOCIAL DA EPIDEMIA DEPRESSIVA

Em seu livro *La Fatigue d'être soi* [O cansaço de ser você mesmo], Alain Ehrenberg parte da ideia de que a depressão é um distúrbio a ser compreendido em um contexto social. Em um contexto social altamente competitivo como o atual, a síndrome depressiva produz uma espiral infernal. A depressão provoca uma ferida do narcisismo, essa ferida reduz a energia libidinal investida na ação e, consequentemente, a depressão se reforça pelo fato de que ela provoca uma queda do ativismo e da capacidade competitiva.

> A depressão se afirma quando o modelo disciplinar de gestão dos comportamentos, as regras de autoridade e de conformidade com os interditos que demarcavam para as classes sociais, como para os dois sexos, um destino, deram lugar a normas que incitam cada um à iniciativa individual, intimando as pessoas a se tornar elas mesmas. Consequência dessa nova normativa, a total responsabilidade pelas novas vidas recai não apenas sobre cada um de nós, mas também sobre o espaço coletivo. [A depressão] se apresenta como uma *doença da responsabilidade* na qual predomina o sentimento de insuficiência. O deprimido não está à altura, está cansado da obrigação de ser ele mesmo.[4]

Não é surpreendente o fato de que a depressão se espalhe na época em que se afirma

[4] A. Ehrenberg, *La Fatigue d'être soi: Depression et société*. Paris: Odile Jacob, 1998, p. 10.

como dominante a ideologia de tipo empresarial e competitivo. Desde o início dos anos 1980, após a derrota dos movimentos operários e a afirmação da ideologia neoliberal, foi imposta socialmente a ideia de que temos que nos considerar todos empreendedores. A ninguém é permitido conceber a vida segundo critérios mais soltos e igualitários. Aquele que se solta corre o risco de acabar na rua, ou no asilo ou na prisão. As chamadas reformas liberais que são impostas ininterruptamente a uma sociedade cada vez mais fragmentada, derrotada, impotente para reagir, obnubilada pela ideologia predominante, visam a destruir toda segurança econômica para os trabalhadores e a expor a vida de todo trabalhador ao risco da empresa.

No passado, o risco era apanágio dos capitalistas, que investiam em suas próprias capacidades e obtinham lucros enormes ou falências dolorosas. Mas o risco econômico era problema deles. Os demais oscilavam entre a miséria e um relativo bem-estar, mas não eram estimulados a arriscar para ter mais. Hoje, no entanto, "somos todos capitalistas", como proclamam os ideólogos reformadores, e, portanto, todos temos que arriscar. As aposentadorias não corresponderão mais à troca de uma economia efetuada durante a vida laboral, mas devem estar ligadas a fundos de pensão que poderão render quantias fabulosas ou falir miseravelmente, deixando-nos na miséria durante a velhice. A ideia essencial é que todos temos que considerar a vida uma empresa econômica, uma competição na qual há quem vence e quem perde.

> O valor agregado da concorrência econômica e da competição esportiva na sociedade francesa promoveu um indivíduo-trajetória à conquista de sua identidade pessoal e do sucesso social, encarregado de se superar em uma aventura empresarial. [...] A partir dos anos 1980, a depressão entra em uma problemática em que

dominam não tanto a dor moral mas a inibição, a diminuição do ritmo e a astenia: a antiga paixão triste se transforma em uma inabilidade para agir, e isso em um contexto no qual a iniciativa individual é a unidade de medida da pessoa.[5]

A análise de Ehrenberg delineia uma genealogia das patologias depressivas na época do empreendedorismo generalizado. Seria interessante ler com esse livro o seminário de Foucault de 1979 intitulado *Nascimento da biopolítica*. Foucault também reconhece, na difusão do modelo econômico da empresa e nas formas de vida e de pensamento, a marca fundamental dos anos nos quais se afirma o totalitarismo liberal.

Nos anos 1990, explode uma nova moda farmacológica: substâncias como a sertralina (Zoloft) ou a fluoxetina (Prozac) invadem o mercado. Diferentemente dos benzodiazepínicos – família da qual fazem parte o diazepam (Valium) e o bromazepam (Lexotan) –, esses novos produtos não têm efeito hipnótico, relaxante e ansiolítico, mas um efeito euforizante, e possibilitam um desbloqueio da inibição para a ação que constitui uma das características comportamentais da depressão.

Na metade da década de 1990, quando se deu o máximo impulso à economia cognitiva e se demandou uma mobilização total das energias mentais do trabalho criativo, criou-se em torno do Prozac uma verdadeira mitologia. Esse produto se tornou (e ainda é) um dos mais vendidos nas farmácias de todo o mundo. Toda a classe dirigente da economia global entrou em estado de constante euforia. As decisões econômicas da classe global eram um espelho fiel das substâncias que permitem aos decisores ver apenas o aspecto eufórico do mundo e ignorar obstinadamente os efeitos da devastação determinados pela euforia econômica.

[5] Id., ibid., p. 11, 18.

Durante vários anos, foram tomadas decisões essenciais com os neurônios invadidos pelo Zoloft e *após a ingestão de milhões de comprimidos de* Prozac. A certa altura, após a crise financeira da primavera de 2000 e após a crise política de 11 de setembro de 2001, a classe dirigente mundial entrou em uma fase de depressão. Para encontrar uma cura para o próprio abismo interior ou para remover a verdade deprimente da sua ética desfeita, a classe dirigente mundial se injetou uma nova e perigosa substância: a guerra, anfetamina útil para relançar a agressividade destinada, no entanto, a destruir as energias remanescentes do planeta e da humanidade.

HIPERSEXUALIZAÇÃO E DESSENSIBILIZAÇÃO

O *Le Monde* de 19 de julho de 2007 informava que a Durex, a gigante do preservativo, a grande *corporation* produtora de *condom*, encomendara uma pesquisa ao Instituto Harris Interactive. Foram escolhidos 26 países de culturas diferentes. Em cada país foram entrevistadas mil pessoas a respeito de uma questão simples: que satisfação experimentam no sexo. Apenas 44% dos entrevistados responderam que tinham prazer na sexualidade. Pode ser que os bípedes pós-modernos experimentem prazeres muito refinados no trabalho ou na guerra, quem sabe? Mas certamente o amor não tem tido grande sucesso de público, além do mais é difícil acreditar que todos os 44% tenham dito sua verdade íntima, aquela que corresponde ao mais profundo sentimento, enquanto podemos ter certeza de que os demais 56% eram realmente infelizes.

Como se pode medir o prazer? Não se pode. No entanto, pode-se acreditar na percepção da experiência que um número crescente de pessoas manifesta (embora procure não admiti-lo). As explicações que sexólogos, psicólogos e sociólogos fornecem sobre essas coisas são, em geral, pouco interessantes: a liberação dos hábitos sexuais, a crise do desejo, a mercantilização do corpo humano, a banalização midiática do sexo. Explicações que explicam pouco. Lucy Vincent, uma neurobióloga entrevistada pelo jornal *Le Parisien*, oferece uma interpretação inteligente, embora um pouco sintética: *"On ne s'accord plus assez d'attention"*. Não somos mais capazes de dar atenção a nós mesmos. Essa, sim, é interessante.

Não temos tempo bastante para dar atenção a nós mesmos nem àqueles que vivem ao nosso redor. Tomados pela espiral da competição, não somos mais capazes de entender nada a respeito do outro. A atenção, faculdade cognitiva que possibilita a percepção plena de um objeto mental (nosso próprio corpo, por exemplo, ou o corpo da pessoa que acariciamos), é disponível em quantidade limitada, tanto é verdade que nos últimos anos alguns economistas (os economistas, verdadeiros coveiros da alma humana) começaram a falar de *attention economy*, e, quando um recurso se torna objeto daquela ciência necrófila, quer dizer que se tornou um recurso escasso.

A atenção é um recurso escasso, tanto é verdade que há técnicas para otimizá-la. Nas sociedades pós-industriais, a atenção foi absorvida de forma crescente pela competição; é natural que sobre pouca atenção para uma atividade que não tem nada a ver com a competição e a produtividade. Mais uma confirmação dessa hipótese, a pesquisa da Durex oferece os seguintes dados: apenas 15% dos japoneses declaram que têm satisfação no sexo, apenas 25% dos franceses (que também declaram fazê--lo mais que todos), enquanto entre os mexicanos, 63%, e entre os nigerianos (os mais felizes de todos, uma vez que o único trabalho competitivo que podem desempenhar consiste em roubar petróleo dos tubos que os ocidentais constroem na periferia de suas cidades), até mesmo 67%.

A tendência de declínio do experimento do gozo é, acredito, a lei fundamental da economia do semiocapital.

Youporn.com é um site no qual quem quiser pode carregar imagens de sexo autorregistrado. Todos os dias há dezenas de pessoas em todo o mundo ocidental que enviam as próprias gravações enquanto estão fazendo sexo, às vezes sozinhas, às vezes com uma pessoa, às vezes com várias pessoas. Durante algumas semanas, frequentei diariamente esse site porque finalmente me permitia fazer algo que não poderia fazer de outra forma: bisbilhotar a realidade da sexualidade humana. Não ajudam muito, para esse propósito, entrevistas, estatísticas e sondagens. De fato, cada um interpreta a própria sexualidade conforme os próprios parâmetros e os próprios desejos. Não acho absolutamente que a gravação em vídeo e a exposição do próprio corpo nu ocupado em um ato sexual nos revele a essência íntima do desejo contemporâneo. No entanto, é um documento interessante, um elemento de pesquisa significativo. Minha pesquisa me permitiu descobrir algo de que não suspeitava. O ato mais difundido, o mais recorrente nas gravações on-line, é um ato que, em minha idade já não tão jovem, eu ignorava que existisse. Chama-se – ou, pelo menos, assim vem catalogado nas apresentações com que os administradores do site anunciam e ilustram as gravações – *cumshot*, ou esguicho de esperma. O ato se dá da seguinte maneira: a mulher está sentada ou, muitas vezes, ajoelhada de frente ao homem que avança com seu membro ereto. O homem se masturba até que um jato de uma coisa esbranquiçada esguicha sobre o rosto, a boca, a língua e o cabelo da desafortunada, que sorri fechando os olhos. Muitas vezes, o membro que esguicha não está só, mas em companhia de um ou vários outros que esguicham em sequência. Obviamente, não tenho nenhuma objeção contra as preferências desses homens e dessas mulheres e entendo muito bem que possa haver um prazer na humilhação, na auto-humilhação, na exibição etc. No entanto, não posso deixar de interpretar essa forma de sexualidade, sobretudo quando ela se torna a forma mais difusa, ao menos entre aqueles que decidem gravar e pôr as próprias imagens à disposição da plateia dos *voyeurs* telemáticos. A redução do corpo da mulher a receptáculo é a primeira coisa que me surpreende. Mas talvez seja igualmente interessante esse aspecto solitário do prazer, o fato de manter-se à distância do corpo e da pele do outro, aliás da outra.

Sinto certo constrangimento por esse meu *lurking*, essa minha espiada pelo buraco da fechadura nos quartos da humanidade. Busco os sinais de um sofrimento que não é possível ser quantificado. No entanto, estou convencido de que nessa felicidade crescente se encontre um ponto decisivo para entender algo dos processos de subjetivação.

Sensibilidade é a faculdade de compreender aqueles sinais que não podem ser verbalizados, ou seja, codificados de maneira discreta, verbal, digital. Quanto mais a atenção humana é absorvida pela verbalização, pela codificação digital e pela modalidade conectiva, menos sensíveis estão os organismos conscientes.

Infelicidade pode significar, talvez, justamente isto: consciência sem sensibilidade. Consciência sem a graça da harmonia entre o jogo cósmico e a derivação singular. Singularidade desarmônica.

Os neo-humanos das primeiras gerações pós-alfa não são assexuados nem dessexualizados, ao contrário. O sexo é cada vez mais divulgado, cada vez mais largamente disponível nas prateleiras do hipermercado global. O sexo ainda ocupa o centro da cena do discurso público e também do discurso privado. Mas à hipersexualização tardomoderna corresponde uma crescente dessensibilização. Aqui está a origem da fragilidade da psicosfera contemporânea.

Como e onde podemos encontrar os sinais dessa dessensibilização, dado que as pesquisas quantitativas e estatísticas não podem ser levadas muito a sério? Na fenomenologia da arte, da literatura, do cinema, encontro esses sinais. Em *Time: o amor contra a passagem do tempo*, um filme de 2006, Kim Ki--duk conta, com uma linguagem muito pobre, enxuta, banalizada (fotonovela, telenovela), uma história de extremo refinamento e complexidade. Uma história de amor, o medo de não ser amada no tempo, o desejo de assumir o estilo da outra, de ser a outra. O desejo como jogo de deslocamento, de engano, de deslizamento. O desejo é desejo do outro, e o outro é sempre um terceiro entre você e mim. A cirurgia estética é uma metáfora desse jogo permanente de deslocamento. Proliferação das aparências, desterritorialização interminável do signo erótico, uma corporeidade inapreensível.

A separação dos amantes, a mais dolorosa ferida que um homem e uma mulher podem sofrer em seu corpo e em sua alma, torna-se uma experiência permanente, cotidiana, inevitável, quando os signos eróticos proliferam sobre os muros das metrópoles, nas esquinas de todas as ruas, em todas as clínicas de cirurgia estética.

A perda do objeto amado e a nostalgia da alteridade reconhecível são banalizadas pela inflação semioerótica, e o coração deve cicatrizar suas feridas emocionais com intervenções de cirurgia semiótica. Kim Ki-duk conhece muito bem o jogo da leveza (a graça, a harmonia, o amor que não precisa de identificação, o desejo que escapa às regras do poder e às leis da gravidade). É o tema de *Casa vazia*, o filme de 2004 que deu a medida exata da genialidade desse diretor. Em *Time*, ele nos mostra a outra face da graça: a devastação da alma que se segue à banalização publicitária do desejo.

O ENCAIXE DOS SEXOS

100 escovadas antes de ir para a cama é um livro de uma adolescente italiana, Melissa P., que fez um sucesso internacional impressionante e foi lido por milhões de jovens, sobretudo meninas, como a síntese fiel de sua busca e de seu mal-estar. Trata-se do diário de uma educação sentimental que passa por experiências de sexo caóticas, extremas, dolorosas e entusiasmantes, ingênuas e perspicazes. Não é minha intenção julgar esse livro com parâmetros da crítica literária nem discutir o grau de autoconsciência crítica da autora. O livro foi escrito com a sinceridade e a delicadeza de uma jovem mulher que não podemos definir culta, tampouco completamente ignorante, e consegue testemunhar o sentido da busca existencial, do abatimento, da angústia no deserto da insensibilidade (sobretudo masculina) contemporânea.

Melissa P. busca o prazer dos sentidos e, ao mesmo tempo, a aventura do conhecimento. Mas nessa busca não dispõe de nenhum outro critério de avaliação que não seja o masculino. Por mais que a autora não nos fale do mundo onde se formou, percebemos bem que suas referências são aquelas que pode encontrar uma moça de família burguesa de uma cidade italiana dos anos berlusconianos: a televisão dos *reality shows*, pouquíssimos livros, uma escola incapaz de falar do presente. Nenhuma dimensão coletiva, nenhuma referência à cultura feminista que aparece como uma herança perdida, esquecida, enterrada sob toneladas de imagens publicitárias. A relação com a família não tem nenhum sentido, a relação com a mãe inexiste. No mundo de Melissa, os celulares tocam, mas ninguém parece ser capaz de atenção sensível. Nesse deserto social, o desejo se concentra na sua sexualidade como a única porta de acesso ao real. E, assim, Melissa se abre na sua busca, "montando" no corpo masculino para encontrar o próprio. Mas o que encontra é triste.

Montei em cima dele e deixei que sua haste mirasse bem no centro do meu corpo. Senti um pouco de dor, mas nada de terrível. Aliás, senti-lo dentro de mim não provocou aquela loucura que eu estava esperando. O sexo dele dentro de mim só provocava queimação e incômodo, mas agora eu tinha que ficar grudada nele daquela maneira.[6]

Releio as últimas palavras desse texto no qual Melissa conta sua primeira experiência: "eu *tinha que* ficar *grudada* nele daquela maneira". A identificação de si passa aqui inteira e unicamente pelo homem. O corpo penetrante do homem se torna o dever que é necessário cumprir, a submissão que se deve necessariamente aceitar se se quer ter acesso à experiência da alteridade, do conhecimento do mundo. Mas esse conhecimento é uma armadilha, um permanecer "encaixados". Uma metáfora extraordinariamente eloquente da condição do jovem precarizado: a expectativa de conhecer o mundo se transforma em uma armadilha da qual não se pode fugir. O outro, que o coração esperava como uma abertura, revela-se

6 Melissa Panarello, *100 colpi di spazzola prima di andare a dormire*, p. 35 [ed. bras.: *100 escovadas antes de ir para a cama*, trad. Eliana Aguilar. São Paulo: Objetiva, 2004, p. 27].

incapaz de qualquer empatia. O outro permanece inacessível, frio, porque insensível. E a insensibilidade se expressa inevitavelmente como impossibilidade de comunicação, como autismo.

> [Ele] se movia convulsivamente sobre o meu corpo, não dando a mínima para os meus arrepios de frio e para os meus olhos olhando para longe, para o reflexo da lua na água. Fizemos tudo em silêncio, como sempre, da mesma forma, toda vez. O rosto dele afundado atrás dos meus ombros e o seu hálito no meu pescoço, não quente, frio. Sua saliva molhava cada centímetro da minha pele, como se uma lesma lenta e preguiçosa deixasse um rastro viscoso.[7]

Quando, ao final de um percurso de humilhação e de violência, Melissa encontra, por assim dizer, o amor, suas palavras parecem emprestadas de um discurso publicitário, palavras sem sensibilidade:

> Apoiei os lábios no bocal e ouvi sua voz mal saída do sono.
> – Quero viver você – sussurrei com um fio de voz.[8]

Em seu livro, Melissa conta a história dessa exposição ao sexo como se fosse uma demonstração de existência, como se fosse uma prova de identidade. Melissa vive em uma cidade dominada pela televisão na qual a sexualização da infância é um elemento essencial da publicidade e do livre mercado. Enquanto católicos imorais lançam campanhas de criminalização da sexualidade consciente, a sexualidade inconsciente é insistentemente divulgada, propagandeada, imposta.

Melissa deseja viver, deseja ser ela mesma, amar, conhecer. Mas nenhuma mulher lhe

7 Id., ibid., p. 40 [p. 31].
8 Id., ibid., p. 195 [p. 150].

disse como se faz isso. A Walt Disney produz uma revista de moda para meninas (*Witch*) que induz as pequenas leitoras a se imaginar como um publicitário idiota as imagina e como a indústria da moda quer que sejam. Os nazistas Dolce & Gabbana divulgam os seus trapos horrorosos com uma cena de violência masculina normal sobre uma mulher (que naturalmente consente). Outras marcas anunciam suas nojentas mercadorias com a imagem de uma mulher em uma jaula, que se agarra às grades com olhos aterrorizados. A identificação masculina e a identificação feminina se entrelaçam em um duplo vínculo sádico sobre o qual a identidade adolescente é obrigada a se formar. A sexualização forçada da infância é a linguagem dominante da identidade da televisão. E Melissa acredita poder encontrar a vida que está buscando identificando-se pelos olhos dos salafrários pedopornográficos que ganham seu dinheiro em cima da violência.

Melissa P. escreveu um livro edificante que testemunha o calvário imposto a uma geração que não pode escolher o sexo, mas é escolhida por ele. Não podendo ser consciência singular, a sexualidade é imposta como identificação conformista. A própria transgressão é imposta como identificação conformista.

ELEFANTE

Como nos mangás, que estouraram como fenômeno de massa na segunda metade dos anos 1970 e constituíram a principal leitura de várias gerações de jovens japoneses, o inimigo não é o mal, mas o sujo. O *clean*, limpando o mundo das escórias do indefinido, do confuso, do peludo ou empoeirado, prepara o digital, polindo as superfícies para que fiquem sem aspereza. A sedução erótica é progressivamente desconectada do contato sexual até se tornar pura solicitação estética. É no Japão que se manifestam primeiramente os sintomas. O ano era 1977. No Japão, como na Europa e como nos Estados Unidos, 1977 é o ano de transição da esfera da modernidade. Mas, se, por um lado, na Europa essa transição foi marcada por movimentos de massa como a autonomia criativa italiana ou o punk londrino, se na América toma a forma de uma explosão cultural e de um movimento de transformação urbana, que se manifesta na *no wave* musical e artística, por outro, no Japão, essa passagem se manifesta com uma rede de suicídios de adolescentes sem precedentes: foram 784 no período da volta às aulas.

No Japão, 1977 é o ano dos suicídios de jovens. Foram 784. O que provoca comoção na imprensa e na televisão é a rápida continuidade, no final das férias de verão, de uma rede de suicídios infantis, treze para ser exato, entre crianças da escola primária. Causava desconcerto a gratuidade, a incompreensibilidade do gesto: em todos os casos, faltam os motivos, as razões do ato, o vazio da palavra.[9]

Uma monstruosidade inexplicável torna-se rapidamente normalidade cotidiana.

Em 1983, um grupo de estudantes do Ensino Fundamental de uma escola japonesa massacrou um grupo de idosos e moradores de rua em um parque de Yokohama. Interrogadas, as crianças não deram nenhuma explicação a não ser que os indigentes assassinados por elas eram *obutsu*, coisas sujas, impuras.[10]

9 A. Gomarasca, L. Valtorta, *Sol mutante: mode, giovani e umore nel Giappone contemporaneo*. Genova: Costa & Nolan, 1996, p. 64.
10 Id., ibid., p. 79.

Alguns eventos marcaram essa passagem transformando-se em vírus, portadores de uma informação que se reproduz, que prolifera, que infecta o organismo social inteiro. O massacre na escola de Columbine fala da vida cotidiana, da normalidade norte-americana, que vaga a esmo em busca de alguma segurança impossível, em busca de um substituto para emoções sobre as quais não conhece mais nada.

Michael Moore dedicou àquele evento um filme apaixonante de aprofundamento social (*Tiros em Columbine*), no qual conta o que se vê a olho nu, a venda de armas e a agressividade que se alimenta de medo. Mas, em seu filme *Elefante*, Gus Van Sant interroga sobre aquele episódio a partir de um ponto de vista mais profundo, mais impalpável e, por isso, mais perturbador. O que aconteceu e o que está acontecendo na mente da geração que, na virada do milênio, está se tornando adulta? O que significa e onde pode levar a sua fragilidade psíquica, que se conjuga com uma assustadora potência tecnológica e destrutiva? Ultrapotência tecnológica destrutiva e a fragilidade psíquica são a mistura que define a primeira geração videoeletrônica, sobretudo em sua versão norte-americana.

Na primeira cena do filme, o pai bêbado leva o filho à escola dirigindo um carro vacilante. O filho o trata como um incapaz, um indigente, um falido do qual precisa cuidar para evitar que provoque algum desastre. O ator que faz o pai é Timothy Bottoms, que é conhecido por ter representado George W. Bush, com o qual se parece muito, o mesmo olhar molhado de quem está sempre alcoolizado. Van Sant quer sugerir-nos que a América entrou em um veículo cujo condutor está bêbado? Seria essa uma mancha de Rorschach gigante?

Se quisermos entender o que acontece na sociedade do novo milênio, teremos que deslocar o ponto de observação na direção da psicosfera da primeira geração conectiva. É na psicosfera que se manifestam hoje os efeitos de duas décadas de infovazão, de *overload* nervoso, de psicofarmacologia de massa, de sedativos, de estimulantes, de euforizantes, de fractalização do tempo do trabalho e da existência, de insegurança social que se traduz em medo, solidão, terror.

Psicobombas há muito tempo estão explodindo na mente global interconectada. O efeito é imprevisível. Nas últimas décadas, o organismo foi exposto a uma massa crescente de estímulos neuromobilizantes. A aceleração e a intensificação dos estímulos nervosos sobre o organismo consciente parecem ter afinado a película cognitiva que podemos chamar de sensibilidade. O organismo consciente teve que acelerar a reatividade cognitiva, gestual e cinética. Reduziu-se dramaticamente o tempo disponível para a elaboração dos estímulos nervosos. Talvez por isso pareça reduzir-se a capacidade empática. A troca simbólica entre seres humanos é feita sem empatia, porque não é mais possível perceber o corpo do outro. Para poder perceber o outro como corpo sensível, é preciso o tempo da carícia e da percepção do cheiro. E o tempo para a empatia diminuiu, porque a infoestimulação tornou-se intensa demais.

Como pode ter ocorrido isso? Qual é a causa desses distúrbios da empatia cujos sinais são tão evidentes na vida cotidiana e nos eventos que a mídia amplifica? Podemos levantar a hipótese de uma relação direta entre a expansão da infosfera, a aceleração dos estímulos, das solicitações nervosas e dos tempos de resposta cognitiva, e a desintegração da película sensível que permite aos seres humanos entender o que não pode ser verbalizado, reduzido a sinais codificados.

Redutores de complexidade como o dinheiro, a informação, o estereótipo ou as interfaces da rede digital simplificaram a relação com o outro, mas, quando o outro surge em carne e osso, não toleramos sua presença, porque ela se choca com a nossa (in)sensibilidade.

A geração videoeletrônica não tolera os pelos nas axilas e os pelos pubianos. Para que as superfícies corpóreas possam ter interface em conexão, é preciso uma perfeita compatibilidade. Libertar-se dos pelos supérfluos. Geração glabra. A conjunção encontra seus caminhos por meio dos pelos e das imperfeições da troca. É capaz de leitura analógica, e corpos heterogêneos podem entender-se, embora não disponham de uma linguagem de interface.

A destruição da película sensível inter-humana está relacionada ao universo tecnoinformativo, mas também à disciplina capitalista da corporeidade. Durante a fase final da modernização capitalista, a emancipação da mulher e sua inserção na produção provocaram um efeito de rarefação do contato físico e intelectual com a criança. A mãe desapareceu ou reduziu a sua presença na esfera experimental da primeira geração videoeletrônica. O efeito combinado da chamada emancipação das mulheres (que, na realidade, foi a submissão das mulheres ao circuito da produção assalariada) com a difusão socializadora da televisão tem algo a ver com a catástrofe psicopolítica contemporânea.

E na próxima geração prepara-se um outro movimento perturbador. Em grande parte do mundo está se verificando um processo que pode ter consequências significativas na história futura do mundo. Milhões de mulheres dos países pobres se veem obrigadas a abandonar seus filhos para ir ao Ocidente cuidar dos filhos de outras mães, que não podem tomar conta deles porque estão ocupadas demais trabalhando. Que fantasmas de frustração e de violência vão crescer na mente das crianças abandonadas? Que fantasmas de onipotência frágil na mente das crianças ocidentais?

Um povo de crianças hiperarmadas invadiu a cena do mundo. É destinado a se ferir bastante como se fez no Vietnã, e talvez ainda pior. Mas infelizmente atinge a nós também. Vimos as fotos tiradas em Abu Ghraib e nos cárceres da infâmia norte-americana.

Gus Van Sant nos conta, com ternura glacial, os balbucios neuróticos, a histeria anoréxica, a incompetência relacional dos adolescentes da geração Columbine (penso no diálogo estupendamente bestial das três meninas no refeitório, quando decidem ir ao shopping após terem argumentado de forma repugnante sobre a amizade e seus deveres e sobre o percentual de tempo que é necessário reservar aos amigos mais queridos, quantificando minuciosamente o percentual de afetividade). Conta-nos e mostra-nos espaços lúcidos de espera, corredores luminosos, percursos de seres psiquicamente instáveis. Corpos que perderam o contato com a própria alma e, portanto, não conhecem nada de verdadeiro sobre a própria corporeidade.

Em seguida, tudo acontece, enquanto o céu se move rapidamente, como sempre nos filmes de Gus Van Sant. Na luz suspensa de um dia qualquer de sol radiante, chegam os portadores suicidas da morte. Tudo acontece no espaço de minutos dilatados que as telecâmeras do circuito interno da escola registraram e que podemos rever: adolescentes que se escondem embaixo das mesas, que se arrastam pelo chão procurando evitar as balas.

Não há nenhuma tragédia, não há nenhum estrondo, as ambulâncias ainda não chegaram. O céu imenso muda de cor. Golpes, secos, esparsos. Não há as multidões aterrorizadas que vimos por Wall Street enquanto as torres caíam. Mas um tranquilo massacre periférico, reproduzível, replicável, contagioso.

Elefante fala de uma geração emotivamente perturbada e incapaz de relacionar o pensamento à ação, fala de uma mutação cognitiva que se desenvolve no contexto de uma transição na tecnologia da comunicação: a transição da conjunção para a conexão. São infinitas as formas de conjunção, e a conexão é uma delas. Mas no conceito de "conectar" está implícita uma especificação peculiar. *Connexio* implica funcionalidade dos materiais que se conectam, modelação funcional que os predispõe à interface. Enquanto a conjunção é tornar-se outro, na conexão cada elemento permanece distinto, embora funcionalmente interativo.

A conjunção é encontro e fusão de formas arredondadas, irregulares, que se insinuam de maneira imprecisa, irrepetível, imperfeita, contínua. A conexão é a interação pontual e repetível de funções algorítmicas, de linhas retas e de pontos que se sobrepõem perfeitamente, inserem-se e separam-se, seguindo modalidades discretas de interação. Modalidades discretas que tornam as partes diferentes entre si compatíveis conforme padrões predeterminados.

A digitalização dos processos comunicativos produz uma espécie de dessensibilização à curva, aos processos contínuos de um lento devir, e uma espécie de dessensibilização ao código, às rápidas mudanças de estado, às sequências de signos discretos.

PEIXE

Há um peixe. Na sua embalagem de celofane, em um balcão de supermercado. Um rapaz o apanha e o leva ao caixa, paga e sai, coloca-o em uma cestinha da bicicleta e pedala em direção à sua casa. "Bom dia, senhor estudante, como estou feliz de estar com o senhor. Não pense que eu sou um peixe que se lamenta", diz o peixe, enquanto o estudante pedala de forma ágil para casa. "É bom conhecer um ser humano. Vocês humanos, que coisa extraordinária, são quase os senhores do universo. Infelizmente, nem sempre são pacíficos, eu queria um mundo de paz onde todos se amassem e também homens e peixes se dessem a mão." "Que bom, vejo que o sol está se pondo, como eu gosto do pôr do sol", continua, e se emociona e salta dentro da cestinha agitando-se em sua embalagem de celofane. "Ouço o barulho de um riacho... como eu gosto do barulho do riacho, me lembra algo da infância." Em seguida, chegam em casa, o rapaz desembala o peixe e o coloca em um prato, joga um pouco de sal (e o peixe se excita todo e diz: "Ah, o sal, como eu gosto de sal... me lembra algo..."), depois o rapaz o coloca no espeto e o leva ao forno e gira a manivela... O peixe continua a conversar: "Oh senhor estudante, como é bonito aqui, vejo uma luz no fundo... sinto calor... calor...". Em seguida, a sua voz se torna hesitante e começa a cantar uma musiquinha, cada vez mais fraca, cada vez mais desconexa, como Al, de *2001: uma odisseia no espaço*, quando desligam seus fios.

Yakizakana no Uta, de Yusuke Sakamoto, é talvez o mais belo, certamente o mais perturbador dos filmes de animação que vi na CaixaForum Barcelona em junho de 2006, na mostra "Historias animadas".

Em quase todas as obras apresentadas nessa mostra, pareceu-me que havia um tom comum, que talvez possamos chamar de cinismo irônico. *Place in time*, de Miguel Soares, conta milhões de anos a partir do ponto de vista de um impassível percevejo, um inseto orgânico ou talvez tecnetrônico, enquanto o universo muda ao seu redor. *Animales de compañía*, de Ruth Gómez, usa imagens ferozes para contar a história de uma geração de antropófagos bem-vestidos, de jovens animais com gravata que correm muito para não ser apanhados pelo colega semelhante a eles, amante, amigo, que imediatamente os despedaça, fere, mata e come com um sorriso aterrorizado e olhos dilatados.

No belíssimo *Delivery*, Till Nowak conta em tom doentio a desolação e o veneno do panorama industrial através dos olhos deformados de um mutante recluso e fala do duplo vínculo do mundo físico e de sua duplicação virtual e imaginária. Não é arte de denúncia. A palavra "denúncia" ou a palavra "engajamento" (que até os curadores da mostra usam) não tem mais nenhum significado quando você é um peixe sendo preparado para ser cozido. A arte do século XXI não tem mais aquele tipo de energia, embora continue a usar expressões do século XX, talvez por pudor, talvez por medo de sua própria verdade. Os artistas não buscam mais o caminho do rompimento: buscam, mais que tudo, o equilíbrio entre a ironia e o cinismo que permita, pelo menos por um instante, adiar a execução. A arte como adiamento do holocausto? Toda a energia se desloca para a frente da guerra. A sensibilidade artística registra esse deslocamento sem poder opor-se.

Na arte do século XX, muitas vezes se colocou a questão da função da arte. A arte registra as mutações da sensibilidade e do próprio horizonte da consciência coletiva, mas, no século XX, a arte quis ser ação direcionada a transformar o mundo, e não simplesmente registrá-lo. As vanguardas históricas elaboraram linguagens de utopia, de construção e de agitação. O dadá conclamou a abolir a arte, a vida cotidiana, a abolir a separação entre a arte e a vida cotidiana. Ainda está presente uma tendência desse tipo na arte do novo século?

Em *Os meios de comunicação como extensões do homem*, Marshall McLuhan define os artistas como radares, que têm a capacidade de perceber a distância, ou seja, de antecipar mudanças que estão se preparando na infosfera e no imaginário coletivo. Nas décadas posteriores à publicação desse livro, a arte progressivamente abandonou a vocação ativista das vanguardas, tornando-se compreensão irônica de processos aos quais é inútil opor-se. Mas o exercício da ironia acaba por se aproximar do cinismo, e isso explica o mal-estar ético da atuação artística contemporânea. Mas talvez a questão deva ser colocada em outros termos: a função transformadora da arte se deslocou do plano da ação política direta ao plano de uma terapia da sensibilidade. Como podemos definir a beleza de uma obra de arte? A emoção que a arte contemporânea suscita deriva, muitas vezes, da percepção de um lado obscuro, dissolutivo ou apocalíptico. Nessa aproximação do lado obscuro da beleza, podemos ver a corrupção decadente e cínica da sensibilidade estética, mas também a experimentação de estados mentais mais disponíveis à mutação.

O FUTURO DOS SEM FUTURO

Após o enésimo ataque de um comando suicida tchetcheno realizado por duas mulheres jovens, em outubro de 2002, Putin, então presidente russo, disse que os terroristas camicases não têm futuro. Que linda descoberta! Se um grupo de mulheres tchetchenas amarra à cintura um cinturão de explosivos e entra em um teatro, ou em um estádio lotado, para se explodir, que futuro acham que elas esperam? Os militares russos mataram os maridos delas, seus filhos, seus pais, seus irmãos, destruíram suas casas. Não lhes resta nenhuma esperança, nenhuma vontade de viver, apenas o desejo totalmente compreensível de matar o maior número possível de russos.

No mundo, há milhões, centenas de milhões de homens e de mulheres que não têm futuro, e se cada um deles, diante da perspectiva de uma vida miserável, imaginar que é melhor comprar explosivos e explodir-se em meio à multidão, que futuro haverá para todos nós? Está acontecendo isto: estamos nos acostumando à ideia de conviver com o desespero perigoso cada vez mais próximo da vida cotidiana.

Nessa situação, o suicídio terrorista se torna um comportamento contagioso, imitativo, um fenômeno que pode se reproduzir em qualquer lugar não apenas entre os islâmicos, mas entre jovens do mundo inteiro de todas as culturas e de todas as nacionalidades e classes sociais. O suicídio é o verdadeiro fenômeno emergente da época que se segue ao fim da esperança, à dissolução de toda alternativa social e política. Não apenas o simples suicídio, mas o suicídio exterminador, a catástrofe que acompanha a supressão da própria existência sem esperança e sem futuro.

No passado, o suicídio era um gesto solitário e elegante. O poeta brincava melancólico com a pistola cuidadosamente guardada na gaveta, escrevia os últimos versos dedicados à sua amada, fugitiva ou traidora. Por fim, disparava um tiro na fronte.

Passa da uma você deve estar na cama.
À noite a Via Láctea é um Oka de prata
Não tenho pressa para que acordar-te
com o relâmpago de mais um telegrama
como se diz o caso está enterrado
a canoa do amor se quebrou no quotidiano

Estamos quites inútil o apanhado
da mútua dor mútua quota de dano[11]

11 *Maiakóvski: poemas*, trad. Boris Schnaiderman, Haroldo de Campos e Augusto de Campos. São Paulo: Perspectiva, 2017, p. 231.

Na época romântica, como na época das vanguardas do século XX, o suicídio era uma mise-en-scène romântica, elegante, bem educada, sutil, recriminatória. Uma ação de homens livres. No início do novo século, o suicídio se torna uma arma política ou um gesto artístico-declarativo. A partir de 11 de setembro de 2001, o suicídio adquiriu um significado novo. Para que uma pessoa se decida a pôr um explosivo na cintura e se explodir, é preciso que tenha chegado a um nível de desespero inimaginável. Não há disciplina política ou religiosa que possa levar uma pessoa a realizar esse gesto. O suicídio não é absolutamente uma escolha irracional. É a escolha mais racional para quem vive em uma situação de absoluto desespero. Quantos vivem em situação de desespero? Quantos viverão em situação de desespero nos próximos meses e anos? Quantos entre eles decidirão tirar a vida? E quantos decidirão juntar o útil ao agradável, encher-se de explosivos e se explodir no bar do centro na hora do *rush*? Por toda parte, escondem-se máquinas de guerra. Um *apartheid* generalizado. Criação de dispositivos de segurança.

Um décimo da humanidade se encerra em circuitos de cabo, cápsulas pressurizadas vigiadas por câmeras de vídeo para proteger o luxo e a prosperidade. Mas, quanto mais sofisticada a segurança, mais sofisticado se torna o ataque à cidadela virtual. A segurança não pode proteger ninguém porque produz exatamente o contrário do que promete. A segurança é o pânico.

MANIFESTO PÓS-FUTURISTA

Há cem anos, Filippo Tommaso Marinetti publicou na primeira página do jornal *Le Figaro* o manifesto que inaugurou, na consciência estética do mundo, o século que acreditou no futuro. Com o Manifesto de 1909, iniciou um processo veloz de transformação do organismo humano coletivo. A transformação em máquina completou-se com a concatenação da rede global e se reverte hoje, após o colapso do sistema financeiro baseado na futurização da economia, no débito, na promessa econômica. Aquela promessa acabou. Tem início a época posterior ao futuro.

MANIFESTO PÓS-FUTURISTA

1. Queremos cantar o perigo do amor, a criação diária da energia doce que nunca se dispersa.

2. A ironia, a doçura e a rebelião serão elementos essenciais da nossa poesia.

3. A ideologia e a publicidade exaltaram até agora a mobilização permanente das energias produtivas e nervosas da humanidade para o lucro e para a guerra; nós queremos exaltar a ternura, o sonho e o êxtase, a frugalidade das necessidades e o prazer dos sentidos.

4. Afirmamos que a grandiosidade do mundo enriqueceu-se com uma beleza nova, a beleza da autonomia. Cada um tem seu ritmo e ninguém deve ser obrigado a correr em velocidade uniforme. Os automóveis perderam o fascínio da raridade; sobretudo, não podem mais desempenhar a tarefa para a qual foram concebidos. A velocidade se tornou

lenta. Os automóveis estão imóveis como estúpidas tartarugas no tráfego das cidades. Apenas a lentidão é veloz.

5. Queremos cantar o homem e a mulher que se acariciam para se conhecer melhor e conhecer melhor o mundo.

6. É necessário que o poeta se esbanje com calor e generosidade para aumentar a potência da inteligência coletiva e para reduzir o tempo do trabalho assalariado.

7. Só há beleza na autonomia. Nenhuma obra que não expresse a inteligência do possível pode ser uma obra de arte. A poesia é uma ponte lançada sobre o abismo do nada para criar compartilhamento entre imagens diferentes e libertar a singularidade.

8. Estamos sobre o promontório extremo entre os séculos... Temos que olhar para trás de nós para lembrar o abismo de violência que a agressividade militar e a ignorância nacionalista podem desencadear a qualquer momento. Vivemos há muito tempo na religião do tempo uniforme. A eterna velocidade onipresente já está atrás de nós, na internet; por isso, agora podemos esquecê-la para encontrar nosso ritmo próprio.

9. Podemos ridicularizar os idiotas que difundem o discurso da guerra, os fanáticos da competição, os fanáticos do deus barbudo que nos incita ao massacre, os fanáticos aterrorizados pela feminilidade desarmante que há em todos nós.

10. Queremos fazer da arte uma força de mudança da velocidade da vida, gostaríamos de abolir a separação entre a poesia e a comunicação de massa, gostaríamos de tirar a mídia do comando dos mercados para entregá-la ao sábios e poetas.

11. Cantaremos as multidões que podem, enfim, libertar-se da escravidão do trabalho assalariado, cantaremos a solidariedade e a revolta contra a exploração. Cantaremos a rede infinita do conhecimento e da invenção, a tecnologia imaterial que nos liberta do cansaço físico. Cantaremos o intelectual rebelde, que executa um trabalho precário, mas que se põe em contato com o próprio corpo. Cantaremos a infinidade presente e não teremos mais necessidade de futuro.

POSFÁCIO

FUTURABILIDADE

Para fechar este livro, alguns anos após o seu lançamento na Itália, gostaria de refletir sobre uma possibilidade de interpretação do *"No future"* a partir de uma sensibilidade diferente daquela do punk, que começou em 1977, em Londres. *Not one future, but many*. Não um futuro, mas muitos. O período neoliberal inverteu a percepção do progresso do futuro que tinha predominado na idade moderna. Mas, na realidade, futuro é uma palavra que se refere a algo que não existe. Pensemos então em termos de futurabilidade, a intrínseca pluralidade de futuros possíveis inscritos no presente. Inscrição pode ser entendida como prescrição, o desenvolvimento necessário de um programa que foi pré-inscrito e ao qual somos obrigados a nos submeter. Inscrição pode ser entendida como prevenção, algo é impedido pelo software de nossa vida, pela imaginação, pela espera, pela premonição. Inscrição pode ser entendida como necessidade que não pode ser evitada. Pode, no entanto, ser entendida também como pluralidade de possibilidades inscritas no presente, mas que não conseguimos ver. Eis por que falo de futurabilidade, porque é um modo de se referir à pluralidade de possibilidades que estão inscritas no presente e no momento não vemos.

POSSIBILIDADES

Possibilidade é conteúdo, potência é energia e poder é forma. Chamamos possibilidade um conteúdo inscrito na constituição do mundo presente, imanência do possível. Possibilidade nunca é apenas uma, é sempre plural, as possibilidades inscritas na constituição presente do mundo não são infinitas, mas são muitas. O campo de possibilidades não é infinito porque o possível é limitado pelas necessidades e incompossibilidades inscritas no presente. Apesar disso, é plural, é um campo de bifurcações. Quando assume uma possibilidade entre diversas possibilidades, o organismo entra em vibração e age realizando uma escolha que corresponde à sua potência. Chamamos potência a energia subjetiva que desenvolve as possibilidades e as atualiza. Chamamos poder a seleção de um futuro inscrito na estrutura do presente; o poder é a seleção e a imposição de uma possibilidade entre muitas. Essa seleção pode ser vista como uma *Gestalt* (uma forma que gera formas de maneira estruturada). Esta age como um paradigma que informa a série de atos posteriores. Podemos falar de um formato, um modelo que funciona apenas se os conteúdos se conformarem a um código.

EVOLUÇÃO E VONTADE

A sucessão de instantes na infinidade do tempo pode ser vista como uma sucessão de bifurcações. A cada instante a matéria entra em estado de vibração e oscila entre diferentes possibilidades a partir das quais emerge um novo conjunto.

O surgimento da consciência é um resultado da evolução, mas é também um salto para uma dimensão reflexiva, a dimensão da escolha. Quando o tempo da evolução é atravessado pela consciência, então falamos de História. Na dimensão histórica, as bifurcações são percebidas como seleção intencional entre possibilidades. Os seres humanos parecem dotados da capacidade de realizar escolhas conscientes e de selecionar uma possibilidade entre muitas. As escolhas conscientes não são apenas um processo racional de cálculo; elas expressam decisões estratégicas, julgamento ético e preferências estéticas e são influenciadas por fluxos de estímulos infopsíquicos.

PODER E POTÊNCIA

A potência é a condição que torna possível a transformação do presente em um conjunto distinto da realidade, junto ao qual atua a vontade do sujeito.

Os processos históricos são o espaço de manifestação da potência. A potência (*potentia*) nos dá o potencial para nos libertar relativamente das condições circunstanciais e criar espaços de vida coletiva. Por outro lado, o poder (*potestas*) é uma organização das relações presentes que podem desenvolver uma potência ou então pervertê-la e subjugá-la ou, enfim, suprimi-la completamente. A história como evolução também pode ser vista como uma série de bifurcações. Mas, diferentemente da esfera evolutiva, na esfera histórica, a consciência pode desempenhar um papel determinante em cada bifurcação.

PODER COMO GESTALT

O poder se baseia numa relação de forças. Quando se estabelece uma relação entre forças, podemos descrevê-la como uma forma.

Essa forma pode traduzir-se em uma armadilha que tende a modelar a seleção entre os conteúdos (as possibilidades).

A relação entre forças se estabelece como *Gestalt*, como forma que gera formas estruturadas. Desse modo, o poder impede a expressão de possibilidades cujo paradigma (formato) seja diferente da *Gestalt*. A *Gestalt* se transforma em uma armadilha. A organização dominante dos conteúdos obscurece qualquer outra configuração possível dos conteúdos.

O poder é uma *Gestalt* gerada devido à necessidade de limite. É o efeito da delimitação semiótica do espaço da ação coletiva. A cada bifurcação histórica o raio das possiblidades é limitado pelo poder e aberto pela subjetividade que emerge. Se a subjetividade que emerge tem potência suficiente (consistência interna e energia projetiva), pode trazer ao campo visual uma possibilidade que estava fora dele e, desse modo, pode atualizar aquela possibilidade.

SUBJETIVIDADE DO TRABALHO

Na época digital, a relação entre subjetividade do trabalho, inovação técnica e composição reticular da inteligência geral (*general intellect*) criou um campo de possibilidades que chamo sinteticamente de redução assintótica do tempo de trabalho necessário para a reprodução do universo social existente. A possibilidade inscrita na tecnologia presente é a libertação do tempo humano da armadilha do trabalho assalariado, a restituição da vida para o cuidado de si, para a educação e para o prazer. A classe operária era a subjetividade que deveria ter atualizado esse campo de possibilidades. Mas, na gigantesca luta que atravessou o século XX, o movimento dos trabalhadores perdeu sua potência, investiu sua energia política no sentido da criação de um estado mais que na direção da autonomia social. A revolução soviética foi o início do fim do processo de emancipação.

ARMADILHA TECNOSSEMIÓTICA

O capitalismo marcou e codificou o corpo do intelecto geral em rede segundo o modelo operacional baseado na acumulação de valor, e não em um modelo de utilidade social.

O intelecto geral está refém da *Gestalt* acumulacionista. Na esfera do capitalismo, a cognição social pode funcionar apenas se acompanha o formato técnico e semiótico que transforma o tempo de vida em trabalho e a atividade cognitiva em abstração financeira. Aqui se encontra a próxima bifurcação, a do tempo que virá, o intelecto geral (milhões de trabalhadores cognitivos conectados à rede em todo o mundo) conseguirá encontrar um corpo, um corpo ético, estético e erótico?

FUTURABILIDADE E IMPOTÊNCIA

Temos que retomar uma reflexão sobre o futuro do ponto de vista da possibilidade, da potência e da impotência e, desse ponto de vista, proponho a noção de futurabilidade. Os futuros são inscritos no presente como possibilidades imanentes, e não como desenvolvimentos necessários de um código.

Futurabilidade é a multidimensionalidade do futuro, a pluralidade dos futuros inscritos no presente e, também, a composição mutável da intenção coletiva. Futurabilidade é a dimensão na qual uma possibilidade se torna tendência. Um código é inscrito na conexão infoneural, mas o corpo afim ao intelecto geral é mais amplo que o mundo que o código pode gerar.

A depressão contemporânea (falo tanto da depressão psíquica quanto da econômica) ofusca a consciência quanto ao fato de que nenhuma projeção determinista do futuro é verdadeira.

Sentimo-nos presos em uma armadilha de automatismos tecnolinguísticos, as finanças, a competição global, a exaltação militar. Mas o presente é mais rico que o formato que o capital impõe, e as muitas possibilidades inscritas no presente não são canceladas, embora no momento pareçam inertes.

INÉRCIA POLÍTICA

A inércia das possibilidades inscritas na composição presente do corpo-mente social é um efeito da impotência da subjetividade.

No século passado, a subjetividade social dos trabalhadores construiu formas de solidariedade, de autonomia e de bem-estar; em seguida, após o fim do século, isso foi despotencializado e agora é incapaz de expressar aquelas possibilidades presentes no intelecto geral e no corpo social.

A possibilidade de o tempo social se emancipar do jugo do salário ainda existe (existe, como nunca antes existiu), mas essa possibilidade não pode surgir como resultado da impotência que nasce da potência total do poder que se tornou independente da vontade e da decisão, inscrevendo-se na cadeia automática da técnica e da linguagem.

Outubro de 2015

SOBRE O AUTOR

FRANCO "BIFO" BERARDI nasceu em Bolonha, em 1949. Graduou--se em estética na Faculdade de Filosofia e Letras da Universidade de Bolonha em 1971. Militante desde a adolescência, Bifo passou pela Fronte della Gioventù Comunista [Frente da Juventude Comunista], foi figura de destaque no Potere Operaio [Poder Operário] durante o Maio de 1968 e atuou no movimento anarcossindicalista italiano nos anos 1970. Fundou a revista *A/traverso* (1975-81) e fez parte da equipe da rádio Alice (1976-77), a primeira rádio livre da Itália. Com Antonio Negri e outros intelectuais envolvidos no movimento autonomista italiano, exilou-se em Paris. Lá, trabalhou com Félix Guattari no campo da esquizoanálise e frequentou os seminários de Michel Foucault. Nos anos 1980, contribuiu com revistas como *Semiotext(e)* (Nova York), *Chimères* (Paris), *Metropoli* (Roma), *Musica 80* (Milão) e *Archipiélago* (Barcelona). Em 1992, ajudou a fundar a revista *DeriveApprodi* e, em 1997, a editora homônima, com um catálogo orientado a temas políticos. Foi professor de Teoria da Mídia na Accademia di Belle Arti, em Milão, no Programa d'Estudis Independents do Museu d'Art Contemporani de Barcelona e no Institute for Doctoral Studies in the Visual Arts de Portland.

PRINCIPAIS OBRAS

La fábrica de la infelicidad (Madri: Traficantes de Sueños, 2003)
Precarious Rhapsody: Semiocapitalism and the Pathologies of Post-Alpha Generation (California: AK Press, 2009)

The Soul at Work: From Alienation to Autonomy (Los Angeles: Semiotext(e), 2009)
Félix (Buenos Aires: Editorial Cactus, 2013)
Heroes: Mass Murder and Suicide (New York: Verso, 2015)
And: Phenomenology of the End (Los Angeles: Semiotext(e), 2015)
Skizo-Mails (Berlim: Errant Bodies Press, 2015)
Futurability: The Age of Impotence and the Horizon of Possibility (New York: Verso, 2017)
Depois do futuro (São Paulo: Ubu Editora, 2019)
The Second Coming (Cambridge: Polity Press, 2019)

ÍNDICE ONOMÁSTICO

Adorno, Theodor **90-91**
Alighieri, Dante **93**
Andrópov, Iuri **85**
Aragon, Louis **65, 83**
Armand, Inês **37**
Armstrong, Neil **108**
Arp, Hans **62**
Asimov, Isaac **95**
Auvinen, Pekka **148**

Bacon, Francis **94**
Balestrini, Nanni **91**
Ballard, James Graham **132**
Barilli, Renato **91**
Barlow, John Perry **124**
Bateson, Gregory **146**
Batty, Roy **100**
Baudrillard, Jean **104, 124, 126**
Benasayag, Miguel **135**
Benjamin, Walter **75, 91**
Bergman, Ingmar **85-87**
Bergson, Henri **69-70**
Berners-Lee, Tim **119**
Bottoms, Timothy **163**
Bradbury, Ray **132**
Brand, Stewart **124**

Brejnev, Leonid **85**
Breton, André **65, 83**
Brik, Lília **42**
Brik, Óssip **42**
Burroughs, William **102**
Bush, George W. **114, 163**

Carradine, David **85**
Cassandra **93**
Chaplin, Charles **87**
Chiesa, Guido **92, 93**

D'Annunzio, Gabriele **45-46, 49**
D'Encausse, Hélène Carrère **37-38**
Dalí, Salvador **65**
Deckard, Rick **100**
Delaunay, Robert **69**
Deleuze, Gilles **112, 116-18**
Depero, Fortunato **54, 58**
Dick, Philip **98-99, 123**
Doi, Takeo **29, 32**
Dolce, Domenico **161**
Drucker, Paul **124**

Eco, Umberto **91**
Ehrenberg, Alain **150, 152**

187

El Lissítski **63**
Ernst, Max **65**

Farmer, Philip José **95**
Fassbinder, Rainer Werner **87**
Ford, Henry **14**
Formenti, Carlo **113, 115**
Foucault, Michel **121, 152, 185**
Franzen, Jonathan **168**
Freud, Sigmund **29, 82, 125**

Gates, Bill **120-21, 123, 125**
Gennariello **89, 92**
Gibson, William **97, 101-02, 124**
Ginsberg, Allen **80**
Giolitti, Giovanni **28**
Gomarasca, Alessandro **162**
Gropius, Walter **63**
Grosz, Georg **62**
Guattari, Félix **112, 116-18, 185**

Hitler, Adolf **25, 86**
Hobbes, Thomas **121**
Horkheimer, Max **90**

Iessiênin, Serguei **33-34**
Igarashi, Yoshikuni **31**

Jdánov, Andrei **57**

188

Jobs, Steve **85**
Joy, Bill **124, 132**

Kelly, Kevin **69, 124, 126-30, 132**
Khlébnikov, Vielimir
   43-48, 56, 69-71
Ki-duk, Kim **157**
Kogawa, Tetsuo **146**
Kroker, Arthur **110, 124-26**
Krupskaia, Nadejda **37-38**
Krutchônikh, Aleksiéi **69**
Kuhr, Barbara **123**
Kundera, Milan **94**

Lacan, Jacques **82**
Lanier, Jaron **47**
Lênin **37, 38**
Lévy, Pierre **122, 124-25**
Luca, Valtorta **162**
Lumière, Auguste e Louis **69**
Lyotard, Jean-François **85**

MacArthur, Douglas **32**
Maiakóvski, Vladímir **33-36,**
   40-43, 48-49, 52, 58, 63
Mallarmé, Stéphane **83**
Maquiavel, Nicolau **121**
Marconi, Guglielmo **71**
Marcuse, Herbert **91**
Marinetti, Filippo Tommaso **13-**
   -14, 17, 24-26, 34, 36, 40, 174

Marx, Karl **18, 140**
McLuhan, Marshall **169**
Minc, Alain **85**
Moholy-Nagy, László **63**
Moloch **80**
Moore, Michael **163**
Murti-Bing **75**

Nixon, Richard **104**
Nora, Simon **85**
Nowak, Till **169**

Orwell, George **70, 132**

Pagliarani, Elio **91**
Panarello, Melissa **158-59, 161**
Pasolini, Pier Paolo **89-93**
Pávlovna, Tatiana **43**
Perniola, Mario **76**
Plunkett, John **123**
Putin, Vladimir **170**

Rimbaud, Arthur **82**
Ródtchenko, Alexander **63**

Sakamoto, Yusuke **168**
Sarnow, David **70-71**
Schlöndorff, Volker **87**
Schmit, Gérard **135**

Schwitters, Kurt **62**
Scott, Ridley **99**
Sebeok, Thomas **120**
Soares, Miguel **168**
Spielberg, Steven **96**
Sterling, Bruce **124**
Stockhausen, Karlheinz **148**

Tafuri, Manfredo **63, 68**
Tanizaki, Junichiro **30**
Tátlin, Vladimir **63**
Taylor, Charles **14**
Tirésias **93**
Toffler, Alvin **124**
Tronti, Mario **90-91**
Tzara, Tristan **75**

Ullmann, Liv **85**

Valéry, Paul **69**
Van Sant, Gus **163, 166**
Verlaine, Paul **64**
Vincent, Lucy **154**
Virilio, Paul **25**

Watzklawick, Paul **146**
Witkiewicz, Stanisław
   Ignacy **74-75**
Wozniak, Steve **85**

Zora **99**

189

COLEÇÃO EXIT Como pensar as questões do século XXI? A coleção Exit é um espaço editorial que busca identificar e analisar criticamente vários temas do mundo contemporâneo. Novas ferramentas das ciências humanas, da arte e da tecnologia são convocadas para reflexões de ponta sobre fenômenos ainda pouco nomeados, com o objetivo de pensar saídas para a complexidade da vida hoje.

LEIA TAMBÉM

*24/7 – capitalismo tardio
e os fins do sono*
Jonathan Crary

*Reinvenção da intimidade –
políticas do sofrimento cotidiano*
Christian Dunker

Esperando Foucault, ainda
Marshall Sahlins

*Big Tech – a ascensão dos
dados e a morte da política*
Evgeny Morozov

*Diante de Gaia – oito
conferências sobre a natureza no
Antropoceno*
Bruno Latour

Tecnodiversidade
Yuk Hui

*Genética neoliberal –
uma crítica antropológica
da psicologia evolucionista*
Susan McKinnon

*Políticas da imagem – vigilância
e resistência na dadosfera*
Giselle Beiguelman

*Happycracia – fabricando
cidadãos felizes*
Edgar Cabanas e Eva Illouz

*O mundo do avesso – Verdade
e política na era digital*
Letícia Cesarino

*Terra arrasada – além da era
digital, rumo a um mundo
pós-capitalista.*
Jonathan Crary

Ética na inteligência artificial
Mark Coeckelbergh

Estrada para lugar nenhum
Paris Marx

© Ubu Editora, 2019
© Franco Berardi, 2009

Coordenação editorial FLORENCIA FERRARI
Assistentes editoriais ISABELA SANCHES e JÚLIA KNAIPP
Preparação CÉLIA EUVALDO
Revisão RITA SAM, CACILDA GUERRA e LUCIANA KAWASSAKI
Projeto gráfico da coleção ELAINE RAMOS e FLÁVIA CASTANHEIRA
Projeto gráfico deste título LIVIA TAKEMURA
Produção gráfica MARINA AMBRASAS

Nesta edição, respeitou-se o novo Acordo Ortográfico da Língua Portuguesa.

3ª reimpressão, 2025.

Dados Internacionais de Catalogação na Publicação (CIP)
Bibliotecário Odilio Hilario Moreira Junior – CRB 8/9949

Berardi, Franco
Depois do futuro / Franco Berardi; traduzido por Regina Silva. Título original: *Dopo il futuro*.
São Paulo: Ubu Editora, 2019 / 192 pp. / Coleção Exit
ISBN 978 85 7126 21 4

1. Ciências sociais 2. Movimento futurista 3. Política.
I. Silva, Regina II. Título.

CDD 300   CDU 316
Índice para catálogo sistemático:
1. Ciências sociais 300   2. Ciências sociais 316

UBU EDITORA
Largo do Arouche 161 sobreloja 2
01219 011 São Paulo SP
(11) 3331 2275 ubueditora.com.br
atendimento ao professor
professor@ubueditora.com.br
🅵 🅾 /ubueditora

FONTES Edita e Haptik
PAPEL Alta alvura 75 g/m²
IMPRESSÃO Margraf